Los hijos y el divorcio

50 formas de ayudarles a superarlo

«¡Imprescindible! Este libro está repleto de consejos prácticos y realistas realizados por dos grandes expertos en psicología clínica infantil. Aquellos padres que sigan las cincuenta sugerencias verán inmediatamente que son consejos útiles para ayudar a los hijos a navegar por las turbulentas aguas de un divorcio».

Robert E. Emery, Profesor, Director de Clinical Training, Director de Center for the Children, Families and Law, Departamento de Psicología de la Universidad de Virginia

«Inestimable para los padres divorciados o que están a punto de divorciarse. Los autores son dos grandes expertos en el desarrollo de los niños y su libro está basado en los estudios científicos y sociales más actuales. Al contrario de lo que sucede con la mayoría de los libros relacionados con este tema, las recomendaciones de los autores son directas, claras y fáciles de entender. Los padres divorciados pueden ahorrar a los hijos mucho sufrimiento y estrés emocional al leer este libro y seguir los consejos al pie de la letra».

Paul R. Amato, Profesor de Psicología de la Universidad del Estado de Pensilvania

«Mucho más que un libro para leer, este libro ofrece a los padres que se están divorciando estrategias prácticas y de gran utilidad para ayudar a sus hijos a hacer frente al divorcio, y más importante aún, los anima a utilizar las estrategias que sugiere».

Gail Tripa, Doctor, Director del Programa Clinical Psychology Training, Universidad de Otago, Nueva Zelanda

«Informativo y sensible, ofrece recomendaciones claras y realistas para solucionar correctamente la mayoría de las situaciones estresantes y los retos que tanto los padres como los hijos tienen que superar durante un divorcio. No sólo incluye los estudios realizados y las estrategias importantes, también las muestra de un modo comprensivo, cuidadoso y enérgico. Considero que este libro será un recurso a tener en cuenta en el área del divorcio».

Robert Brooks, Doctor, Profesor de la Escuela de Medicina de Harvard y coautor de Raising Resilient Children

«Un recurso inigualable para padres divorciados. Es directo y claro y está organizado de tal forma que facilita la lectura (o relectura) de las partes más importantes para cualquier persona en un momento determinado. Los autores son directos al tratar las dificultades que tanto los padres divorciados como sus hijos tendrán que afrontar, pero ayudan mucho (y también son realistas) sobre las posibilidades que tienen los padres de ayudar a sus hijos a adaptarse correctamente durante y después del divorcio».

Christy M. Buchanan, Profesora asociada de Psicología, Universidad de Wake Forest y autor de Adolescents After Divorce

«En este imprescindible libro, los doctores Long y Forehand muestran claramente, y de manera concisa, un gran número de consejos sobre lo que los padres pueden hacer en concreto para ayudar a sus hijos en términos paternales y copaternales, incluyendo estrategias para reducir los conflictos sobre los asuntos diarios, cómo evitar involucrar a los hijos en los conflictos y muchos otros aspectos tratados desde el punto de vista de los hijos. Además, la información se muestra de tal forma que ayudará claramente a los padres a entender mejor y ayudar a sus hijos».

E. Mark Cummings, Doctor, Departamento de Psicología, Universidad de Notre Dame

«Una gran cantidad de directrices para padres que están considerando o se encuentran en la fase del divorcio. Completa variedad de temas, desde la comprensión de las leyes relacionadas con el divorcio hasta los métodos para ayudar a los niños a hacer frente a la separación de sus padres. Para cada uno de estos temas, los autores proporcionan pasos claros y sencillos que los padres deben seguir para tratar de forma más eficaz este suceso tremendamente traumático. Y cada una de las estrategias que proporcionan derivan de información específica y de varios años de experiencia clínica. Los lectores de este libro pueden estar seguros de que la información que reciben es fiable y les ayudará a adaptarse a uno de los retos más difíciles de la vida».

Rand D. Conger, Profesor de estudios familiares y del desarrollo humano, Departamento de Human and Community Development, Universidad de California-Davis

«Basándose en décadas de estudios y prácticas clínicas, los doctores Long y Forehand han desarrollado una herramienta esencial no sólo para padres que se están divorciando sino también para profesionales de la salud mental y aquéllos relacionados con los sistemas legales. Este trabajo debería ser un requisito esencial para aquellos adultos cuyo principal objetivo es «el mejor interés del hijo».

Michael W. Mellon, Doctor, Codirector, Mayo Clinic-Dana Child Development and Learning Disorders Program

«Recomiendo encarecidamente este libro tanto a los padres que tienen la custodia de sus hijos como a los que no la tienen. Nicholas Long y Rex Forehand han interpretado los estudios sobre la adaptación de los niños tras el divorcio en un conjunto de directrices sencillas para que los padres sepan comportarse de una forma eficaz y comprometida en el cambio de la estructura familiar. Este libro es una fuente excepcional para los padres».

Sharlene A. Wolchik, Profesora de Psicología Clínica, Universidad del Estado de Arizona

Una guía realmente excelente para padres que se están divorciando. Ofrece consejos claros, sencillos y muy valiosos sobre cómo ayudar a los hijos a adaptarse al cambio. Es un libro que deberían leer tanto los padres que están pasando por este triste proceso como los profesionales involucrados en su asesoramiento o en el de sus hijos».

Bryan Lask, Profesor del Child and Adolescent Psychiatry, St. George's Hospital Medical School, Londres

«Proporciona consejos sanos y detallados siempre basados en estudios bien fundamentados y en el reconocimiento humano sobre las dificultades que acarrea la decisión que se ha tomado. Las estrategias no son sólo para ayudar a los hijos sino que también constituyen una fuente de consejos para que los padres aseguren su propio bienestar, un requisito imprescindible para ayudar a sus hijos».

Masud Hoghughi, Profesor de Psicología Clínica, Universidad de Hull, Reino Unido

«Proporciona directrices y consejos prácticos, bien documentados y lógicos para aquellos padres que desean minimizar las consecuencias negativas que puedan afectar a sus hijos debido a la ruptura familiar. Proporciona consejos vanguardistas y será de gran utilidad para cualquier profesional que trabaje con familias. Lo recomiendo sin ninguna duda».

Matt, Sanders, Director de Parenting and Family Support Center, Universidad de Queensland, Brisbane, Australia

«Joyas increíbles de la sabiduría para padres que se están divorciando, complementado con el amplio conocimiento y la experiencia de dos de los profesionales más importantes en este campo».

Ann S. Masten, Doctor, Director del Institute of Child Development y Emma M. Birkmaier, profesora de Educational Leadership, Universidad de Minnesota

Los hijos y el divorcio

50 formas de ayudarles a superarlo

Nicolas Long, Ph. D.
Rex Forehand, Ph. D.

TRADUCCIÓN

Cristina Nevado Lledó para Grupo ROS

REVISIÓN

Grupo ROS

MADRID ● BUENOS AIRES ● CARACAS ● GUATEMALA ● LISBOA
MÉXICO ● NUEVA YORK ● PANAMÁ ● SAN JUAN ● SANTAFÉ DE BOGOTÁ
SANTIAGO ● SAO PAULO ● AUCKLAND ● HAMBURGO ● LONDRES ● MILÁN
MONTREAL ● NUEVA DELHI ● PARÍS ● SAN FRANCISCO ● SIDNEY ● SINGAPUR
ST. LOUIS ● TOKIO ● TORONTO

The McGraw·Hill Companies

La información contenida en este libro procede de la traducción de la primera edición en inglés editada por McGraw-Hill Companies, Inc. No obstante, McGraw-Hill no garantiza la exactitud o perfección de la información publicada. Tampoco asume ningún tipo de garantía sobre los contenidos y las opiniones vertidas en dichos textos.

Este trabajo se publica con el reconocimiento expreso de que se está proporcionando una información, pero no tratando de prestar ningún tipo de servicio profesional o técnico. Los procedimientos y la información que se presentan en este libro tienen sólo la intención de servir como guía general.

McGraw-Hill ha solicitado los permisos oportunos para la realización y el desarrollo de esta obra.

LOS HIJOS Y EL DIVORCIO. 50 FORMAS DE AYUDARLES A SUPERARLO

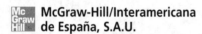

McGraw-Hill/Interamericana de España, S.A.U.

DERECHOS RESERVADOS © 2002, respecto a la primera edición en español, por
McGRAW-HILL/INTERAMERICANA DE ESPAÑA, S.A.U.
Edificio Valrealty, 1ª planta. C/ Basauri, 17
28023 Aravaca (Madrid)
www.mcgraw-hill.es
profesional@mcgraw-hill.com

Traducido de la primera edición en inglés de
MAKING DIVORCE EASIER ON YOUR CHILD
ISBN: 0-8092-9419-2

Copyright de la edición original en lengua inglesa © 2002 por Nicholas Long y Rex Forehand.

ISBN: 84-481-3736-1
Depósito legal: M. 34.283-2002

Editora: Mercedes Rico Grau
Diseño de cubierta e interiores: DIMA
Copyright ilustración interior: Jorge Ríos Benito
Compuesto en Grupo ROS
Impreso en Fareso, S.A.

IMPRESO EN ESPAÑA - PRINTED IN SPAIN

Este libro está dedicado a todas aquellas familias que han abierto sus vidas a los autores y a otros psicólogos durante el período doloroso del divorcio. Estas familias son las que nos han proporcionado esta base de conocimiento, la cual hemos transformado en recomendaciones para ayudar a los padres que se están divorciando, o que lo han hecho recientemente, a criar a sus hijos de una manera sana y feliz.

Palabras para recordar

Dentro de cien años no importará en qué casa viví, cuánto dinero tenía ni el coche que conducía, pero el mundo puede ser distinto porque fui importante en la vida de mi hijo.

Autor desconocido

Índice

Prefacio vii

Introducción xix

Parte 1ª 1

Planificación del divorcio y comunicación a los hijos

1. Comprensión de las leyes y del proceso de divorcio 3

2. Soluciona los asuntos más importantes 8

3. Comunicar juntos la decisión a vuestros hijos 12

4. Anticípate a las preguntas de tus hijos 17

5. Evita las disputas por la custodia: dialoga 21

Parte 2ª 25

Cuidarse uno mismo durante y después del divorcio

6. Prepárate para un periodo de adaptación 27

7. Examina tu forma de enfrentarte a la situación 31

8. Desarrolla tu sistema de defensa 34

9. Controla el estrés en tu vida 38

Parte 3ª 43

Problemas de la pareja durante y después del divorcio

10. Comunicación correcta entre los esposos 45

11. No discutas con tu exesposo delante de vuestro hijo 49

12. No utilices a tu hijo como mensajero o espía 54

13. No utilices a tu hijo como aliado 57

14. No limites lo que tu hijo puede contar a tu excónyuge 60

15. No critiques a tu excónyuge delante de tu hijo 62

16. Vuelve a definir la relación con tu excónyuge 65

Parte 4ª 71

Las visitas

17. Fomenta la relación con el padre que no tiene
    la custodia 73

18. Asegura el contacto entre tu hijo y su otro padre 77

19. Intercambio del niño sin problemas 82

20. Organizar cumpleaños,
    vacaciones y fechas importantes 86

Parte 5ª 89

La paternidad dividida: Instrucciones generales

21. Cambia la forma que tienes de pensar en tu hijo 91

22. Prepárate para las comparaciones 94

23. Mantén los pagos de manutención de menores 97

24. Minimiza los cambios 100

25. Mantén las tradiciones y las costumbres familiares 106

26. Desarrolla un plan de paternidad 109

27. Alimenta la relación con tu hijo 114

28. Diviértete con tu hijo 118

29. Dile *te quiero* a tu hijo 121

30. Anima a tu hijo a expresar sus sentimientos 124

31. Mantén siempre la misma disciplina 127

32. Supervisa las actividades de tu hijo 132

33. Supervisa el rendimiento en el colegio 135

34. Desarrolla la autoestima de tu hijo 139

35. Ármate de paciencia y recobra la calma 142

36. Nunca culpes a tu hijo del divorcio 146

37. No hagas promesas que no puedas cumplir 148

38. No compenses en exceso por el divorcio 150

39. No abrumes a tu hijo con tus problemas 153

40. Sé un buen ejemplo de cómo afrontar el divorcio 156

41. Haz frente a las expectativas poco realistas de tu hijo ... 158

42. No compares a tu hijo
    con tu excónyuge negativamente 161

43. Acepta el amor de tu hijo por su otro padre 163

Parte 6ª 165

La importancia de otras relaciones

44. Respeta las relaciones entre hermanos 167

45. Anima a tu hijo a relacionarse
    con el resto de la familia 170

46. Ayúdale a afrontar que el otro padre se desentienda 175

47. Piensa en cuándo y cómo presentar a tus citas 178

48. Afronta eficazmente nuevas
combinaciones familiares 181

Parte 7ª 185

Búsqueda de ayuda profesional

49. Busca ayuda profesional si tu hijo lo necesita 187

Parte 8ª 193

Caminando hacia el futuro

50. Sé positivo 195

Bibliografía 197

Recursos 205

Sobre los autores 221

Índice alfabético 223

Prefacio

La finalidad de este libro *no* es discutir si los padres que están teniendo problemas en su matrimonio deberían o no divorciarse. Para aquellos que están contemplando la posibilidad de divorciarse, esperamos que independientemente de la decisión final que tomen, ésta se realice tras una larga consideración sobre todas las implicaciones que conlleva. El divorcio se debe realizar únicamente tras haber agotado todas las demás alternativas. Para aquellos de vosotros que hayáis decidido divorciaros, o ya lo estéis, este libro os proporcionará información y formas prácticas de ayudar a vuestro hijo durante y después del divorcio.

Numerosas investigaciones han puesto de manifiesto que la reacción de los niños varía mucho en lo referente a la adaptación al divorcio de sus padres. Mientras que algunos tienen graves problemas, otros apenas tienen ninguno. ¿Qué determina el nivel de problemas que cada niño tendrá a causa de un divorcio? Consideramos que ya se han identificado muchos de los factores que están relacionados con la adaptación de los hijos. Estos factores se transforman en recomendaciones prácticas para que puedas utilizarlos a la hora de ayudar a tu hijo, y el propósito de este libro es proporcionarte esta información. Más concretamente, mostrar las formas de minimizar los efectos negativos del divorcio en tus hijos. La información y las recomendaciones que se muestran están basadas tanto en nuestras experiencias e investigaciones, como en los últimos trabajos y opiniones de prestigiosos estudiosos de la materia. Dichos estudios se publicaron utilizando un lenguaje científico y, en la mayoría de los casos, sólo accesible a profesionales. En este libro, hemos intentado transformar ese lenguaje científico en consejos prácticos y sencillos sobre cuál es la mejor forma de ayudar a tu hijo.

Este libro no pretende tratar los problemas relacionados con aquellos divorcios que son realmente desagradables ni tienen multitud de problemas complejos. Si este es tu caso, te recomendamos que busques la asistencia de un profesional que pueda estudiar tu situación y que te proporcione una orientación a medida. Por fortuna, la mayoría de los padres divorciados o que se están divorciando no se encuentran dentro de esta categoría. Este libro está dirigido a la mayoría de padres divorciados o en proceso que tienen que enfrentarse a aspectos difíciles, pero no imposibles, que pueden afectar a sus hijos.

De manera global, hemos pasado casi cincuenta años desarrollando y evaluando programas dirigidos a los padres. Una parte importante de nuestro esfuerzo se ha centrado en la adaptación de los padres y los hijos durante y después del divorcio. Sin embargo, es igualmente importante resaltar que cada uno de nosotros proporciona a este libro nuestras propias experiencias como padres. Sabemos que la paternidad no es fácil, incluso cuando hay dos padres en casa que trabajan juntos. Como padre que te estás divorciando o estás divorciado, tu trabajo es incluso más difícil. Creemos que los comentarios incluidos en estas próximas páginas harán que tu trabajo como padre (porque sí, ¡es un trabajo!) sea más fácil, más gratificante y, lo más importante, sea mucho más beneficioso para tu hijo a la hora de adaptarse al divorcio.

Antes de que empieces a leer este libro, queremos indicarte brevemente la estructura del mismo. El libro consta de una *Introducción* en la que se incluye un resumen general de los temas relacionados con el divorcio y los hijos. Después, se presentan cincuenta estrategias prácticas para ayudar a tu hijo a adaptarse al divorcio. Las estrategias específicas relacionadas con ciertas áreas están organizadas en ocho partes (por ejemplo, la Parte 1ª contiene estrategias relacionadas con la planificación sobre cómo comunicar vuestra decisión a los hijos). La *Bibliografía*, que se encuentra después de la Parte 8ª, contiene referencias a estudios y escritos profesionales en los que hemos basado muchas de nuestras opiniones. El trabajo de investigación que se menciona a lo largo del libro, y que está realizado por varios expertos, se encuentra reseñado en la *Bibliografía* para los que deseéis obtener más información sobre ellos. Al final del libro, encontrarás una sección de recursos que contiene gran variedad de información incluidos libros, organizaciones y páginas Web que pueden serte de gran utilidad.

*   *   *

Este libro no podría haberse escrito sin la inestimable ayuda de muchas personas. La Fundación William T. Grant ha proporcionado no sólo apoyo financiero para trabajar con familias en proceso de divorcio sino también un estímulo y un apoyo emocional sustancial. La doctora Lonnie Sherrod, vicepresidenta ejecutiva, siempre estuvo dispuesta a ayudarnos en todas nuestras necesidades.

Nuestro agente, Amye Dyer, ha sido una fuente esencial de apoyo y estímulo. Escuchó pacientemente nuestras preguntas y buscó las respuestas. Igualmente, a Judith McCarthy de *Contemporary Books*, por su apoyo, estímulo y comentarios. También queremos dar las gracias al resto del equipo de *Contemporary Books* por su valiosa colaboración, especialmente Michelle Pezzutti.

Muchas otras personas destacan por su inestimable contribución a este libro. Con mucha paciencia y un constante apoyo, Sandra Gary escribió y rescribió numerosas versiones del manuscrito. Su dedicación y la calidad de su trabajo son excepcionales y ¡muy agradecidos! Anne Shaffer y Mamie Johnson también leyeron el texto y realizaron sugerencias muy valiosas. Estas personas fueron más allá de sus obligaciones y agradecemos enormemente su esfuerzo.

Nicholas Long agradece el apoyo y el estímulo recibidos durante su trabajo en el área del cuidado de los hijos del Departamento de Pediatría de la Escuela de Medicina de la Universidad de Arkansas y del *Arkansas Children's Hospital*. El personal del *Center for Effective Parenting* y los padres que han participado en los programas de este centro han sido una fuente constante de ayuda e inspiración.

Rex Forehand desea agradecer el apoyo del doctor Richard Jessor y al *Institute of Behavioral Science* de la Universidad de Colorado. Un personal inmejorable, y el tiempo para leer y escribir durante un miniperíodo sabático, permitieron la finalización de este libro. También desea expresar su aprecio al doctor Joe Key, vicepresidente de investigación y a la doctora Karen Holbrook, rectora de la Universidad de Georgia por concederle ese miniperíodo sabático.

El tema subyacente de este libro es que el apoyo, el amor y la educación que proviene de una familia, tanto si los padres están casados o divorciados, nunca deberían subestimarse. Este es sin duda el caso de ambos autores.

Nicholas Long quiere agradecer a su familia su apoyo y amor incondicionales. Mis padres, John y Jean Long, me proporcionaron muchos ejemplos en los que antepusieron las necesidades de sus hijos a las suyas propias. Siempre estaré agradecido por sus sacrificios. Mis propios hijos, Alex y Justin, me han enseñado mucho sobre la paternidad y el amor incondicional. Espero que mi influencia en sus vidas sea tan importante como la suya en la mía. Por último, me gustaría agradecer a mi esposa, Sharon, no sólo su apoyo y amor sino todas las lecciones que me ha enseñado sobre la vida y la amistad.

Rex Forehand se siente afortunado al haber recibido el apoyo y las experiencias de aprendizaje invalorables de sus padres, Rex y Sara Forehand, de su mujer, Lell, y de sus hijos, Laura Forehand y Greg Forehand. ¡Gracias! Puede que sea la única persona que se haya enamorado en primaria, haya tenido la fortuna de casarse con esa persona y el amor haya ido creciendo. Lell, gracias por ser «da luz que ilumina mi camino», realmente lo eres. Pero lo más importante, gracias por tu amor, tu amistad y por existir.

* * *

Este es nuestro segundo esfuerzo como coautores de un libro diseñado para ayudar a los padres. En nuestro primer esfuerzo, escribimos *Parenting the Strong-Willed Child* (Contemporary Books) y obtuvimos inspiración, apoyo y estímulo mutuo. La escritura de este libro ha sido igualmente gratificante. De hecho, nos consideramos afortunados por tenernos el uno al otro no sólo como colegas sino como amigos, y de haber tenido la oportunidad de compartir esta experiencia.

Introducción

Mitos sobre el divorcio y los hijos

1. Los padres siempre deben permanecer juntos por el bienestar de sus hijos.
2. El divorcio de los padres siempre tiene efectos negativos e irreversibles sobre los hijos.
3. Los hijos se adaptan mejor al divorcio en determinadas edades.
4. Mi divorcio puede ser sencillo.
5. No hay nada que los padres puedan hacer para mejorar el proceso de adaptación de sus hijos durante y después del divorcio.

Todas las anteriores informaciones son mitos. Nuestro propósito es mostrarte por qué y ofrecerte después cincuenta formas de ayudar a tu hijo durante y después del divorcio. Sin embargo, antes de esto, echemos un vistazo rápido a algunos estudios demográficos sobre el divorcio en los Estados Unidos. Si estás pensando en divorciarte o ya estás divorciado, estas cifras te mostrarán que no estás solo.

Demografía

Se estima que entre el 40 y el 50 por ciento de los matrimonios de los Estados Unidos terminará en divorcio. En aproximadamente el 60 por ciento de estos divorcios hay niños involucrados. Por tanto, más de un millón de niños se enfrentan cada año al divorcio de sus padres.

La mayoría de los niños suelen ser pequeños cuando esto sucede. Esto se debe a que el riesgo de divorcio es mayor en las primeras etapas del matrimonio. Una vez divorciados los padres, los niños suelen residir en casas monoparentales con la madre. Sin embargo, normalmente es una situación temporal, puesto que la mayoría de las mujeres divorciadas, así como los hombres, vuelven a casarse.

Desde 1960, y en especial desde 1970 a 1980, la tasa de divorcio en los Estados Unidos ha aumentado rápidamente. A partir de 1980, la tasa se ha estabilizado y muestra una ligera tendencia a la baja en los últimos años. Independientemente de esta tendencia, los Estados Unidos tienen una tasa de divorcio superior a casi cualquier nación industrializada.

El divorcio forma parte de la vida americana.

¿Debéis permanecer juntos por el bienestar de vuestros hijos?

Esta es probablemente una de las preguntas más frecuentes que se hacen los padres que están pensando en divorciarse. ¿Estará nuestro hijo mejor si permanecemos casados? No hay una respuesta sencilla a esta pregunta.

Creemos realmente que un hijo estará mucho mejor en una familia con unos padres felizmente casados, que se quieran y amen a sus hijos. Desgraciadamente, también reconocemos que los padres que discuten y se insultan, especialmente delante de sus hijos, ponen en peligro la evolución de los mismos. Si el divorcio conlleva una disminución de las discusiones entre los padres, y en concreto si las discusiones se producen delante de los hijos, entonces puede ser muy beneficioso para ellos. Sin embargo, si los padres se divorcian y continúan discutiendo e involucran a sus hijos en esas discusiones, entonces el niño tiene que hacer frente al divorcio y a las continuas discusiones. Esta es la peor situación en la que puedes poner a tu hijo.

Echemos un vistazo un momento a las relaciones que se pueden dar entre tu cónyuge y tú una vez divorciados. Constance Ahrons de la Universidad del

Southern California y Roy H. Rodgers de la Universidad de British Columbia han establecido cinco categorías.

Compañeros perfectos	Siguen siendo amigos y comparten las decisiones sobre los hijos.
Colegas cooperativos	No siguen siendo amigos pero cooperan por el bien de sus hijos.
Socios furiosos	Han creado un muro de ira que afecta a la relación actual y disminuye la capacidad de colaboración.
Enemigos feroces	Están tan encolerizados que no se produce ninguna colaboración.
Dúos disueltos	Dejan de tener contacto tras el divorcio.

El bienestar de tus hijos depende de lo que suceda tras el divorcio. Y, como acabamos de mencionar, hay al menos cinco categorías que se pueden dar entre tu cónyuge y tú. Obviamente, no puedes prever completamente qué va a pasar entre vosotros después del divorcio. Sin embargo, está claro que la adaptación de tu hijo al divorcio será mejor, menos traumática, **más fácil** si los padres llegáis a ser «Compañeros perfectos» o «Colegas cooperativos» en lugar de las otras posibilidades.

Si me divorcio, ¿cómo afectará a mi hijo?

Antes de contestar a esta pregunta, hay que indicar que el divorcio produce una gran presión sobre los hijos. Interrumpe sus vidas de muchas formas al igual que interrumpe la tuya. ¿Cuáles son algunos de los aspectos más difíciles para un niño con respecto al divorcio de sus padres? Sharlene Wolchik y sus colegas de la Universidad del Estado de Arizona realizaron una encuesta a chicos de entre ocho y quince años sobre los hechos que más tensión producen en el divorcio de sus padres. El siguiente recuadro muestra un resumen de estos diez hechos. Volveremos a este tema a menudo durante este libro, puesto que hay muchas cosas que puedes hacer para evitar que se produzcan y, por lo tanto, para reducir la tensión en tu hijo.

Los 10 hechos que producen más tensión asociados al divorcio de los padres:

1. Mi padre o mi madre me decían que el divorcio era por mi culpa.
2. Mis padres se pegaban o se maltrataban psicológicamente.
3. Mis familiares decían cosas malas sobre mis padres.
4. Mi padre me decía que no le gustaba que pasara tiempo con mi madre.
5. Mis padres discutían delante de mí.
6. Mi padre decía cosas malas sobre mi madre.
7. Tuve que dar a mi mascota o cosas que me gustaban.
8. Mi madre se mostraba infeliz.
9. Mi padre me pregunta cosas sobre la vida privada de mi madre.
10. La gente del vecindario me decía cosas malas sobre mis padres.

Consideremos los efectos que tiene el divorcio en los niños (los cuales son mucho más complicados de lo que imaginas). Cuando pensamos en los efectos del divorcio en los hijos, tenemos que considerarlos tanto a corto como a largo plazo. Más aún, como Robert Emery de la Universidad de Virginia ha señalado, tenemos que considerar no sólo los efectos de la adaptación de los hijos sino el dolor que pueden sentir por el divorcio de sus padres. Ambas cosas pueden ser muy distintas. Por ejemplo, muchos niños se adaptan o asimilan el divorcio de sus padres y continúan comportándose de forma correcta a lo largo de sus vidas; sin embargo, pueden llevar consigo el dolor provocado por el divorcio durante muchos años.

Introducción

En cuanto a los efectos a corto plazo, existen evidencias basadas en muchos estudios realizados en todo el país de que el divorcio de los padres está asociado a las dificultades de adaptación de sus hijos. Estos efectos pueden incluir síntomas depresivos, ansiedad, furia, dificultades para expresarse (agresividad, desobediencia e incluso actos delictivos) y una bajada de las notas en el colegio. También algunos niños pueden perder estima y confianza. Sin embargo, no todos los niños sufren tales efectos y, de hecho, algunos apenas muestran problemas después del divorcio de los padres, especialmente, como Alan Booth y Paul Amato de la Universidad del Estado de Pennsylvania han señalado, cuando los niños pasan de vivir en una casa con muchos conflictos a una en la que reina la armonía. La reacción que tienen los niños en relación al divorcio de sus padres es muy diversa. Esto indica que la forma en que tú y tu cónyuge llevéis el proceso de divorcio, y la relación de después del mismo, es lo que más va a afectar a la adaptación de tu hijo. Las recomendaciones recopiladas en este libro te proporcionarán pautas para ayudar a mejorar la adaptación de tus hijos al divorcio.

Veamos por un momento el efecto que tiene el divorcio de los padres en los hijos. Como hemos indicado, muchos niños muestran problemas de adaptación a corto plazo. Si consideramos los estudios de investigación (y hay muchos) que han examinado el efecto del divorcio en los hijos, su repercusión no es muy grande. Es decir, de la gran cantidad de niños cuyos padres están divorciados, el número medio de problemas que éstos tienen es relativamente pequeño, independientemente del área de adaptación que se examine. Como ya hemos indicado, está más clara la diversidad de reacciones de los hijos, puesto que algunos muestran más problemas que otros, que el efecto en sí que el divorcio de los padres causa en ellos. De nuevo, este hecho acentúa la importancia sobre *cómo* los padres llevan su divorcio.

¿Es posible que los pocos efectos a corto plazo del divorcio en los hijos duren mucho tiempo? Se han realizado muchos estudios relacionados con esta cuestión. Cuando examinamos estos estudios, los resultados muestran que los niños cuyos padres se divorcian tienen dificultades durante años, que llegan a prolongarse hasta la madurez. Como Mavis Hetherington, de la

Universidad de Virginia ha señalado, aquellos niños que han pasado por el divorcio de sus padres tienen más posibilidades de no completar los estudios en la universidad o de estar parados, tienen menos recursos económicos y más dificultades para mantener relaciones estables (en comparación con aquellos niños cuyos padres permanecen casados). Sin embargo, al igual que sucedía con los efectos a corto plazo del divorcio, tampoco son muchos los efectos a largo plazo. Sin embargo, la diferencia que existe entre cómo afrontan la vida los hijos de padres divorciados en comparación con los de familias casadas es pequeña. Por ejemplo, existe una proporción ligeramente superior de niños provenientes de familias intactas que responden mejor en las áreas anteriormente mencionadas (por ejemplo, terminar la universidad) si se comparan con los niños de padres divorciados. Y, de nuevo, en los efectos a largo plazo, lo que más destaca es la gran variedad de reacciones existentes en la adaptación de los niños de padres divorciados. Muchos se adaptan muy bien, mientras que otros tienen graves problemas.

Existen pocas dudas sobre el hecho de que el divorcio de los padres está asociado con las dificultades en el desarrollo de los niños. Sin embargo, la importancia de los efectos en «la media de los niños de padres divorciados» no es tan grande como se indica a menudo en los medios de comunicación. Algunos artículos sobre el divorcio de los padres publicados en periódicos se titulan: «Los niños después del divorcio: heridas que no sanarán», «Los niños después del terremoto» y «Las últimas heridas del divorcio». Estos titulares, que intentan atraer la atención de los lectores, no representan de forma real la mayoría de las experiencias de los niños frente al divorcio de sus padres.

En estos momentos debes estar pensando: «Si los efectos sobre mi hijo van a ser pocos, ¿por qué no divorciarme?». Antes de llegar a una conclusión sobre el divorcio, existe otro aspecto que hay que considerar. Aunque la mayoría de los hijos se adaptan al divorcio de sus padres, otros tienen sentimientos angustiosos y recuerdos infelices sobre este hecho. Como Robert Emery de la Universidad de Virginia ha señalado, el divorcio siempre implica unos costes emocionales, incluso si los hijos se adaptan bien a él. Los sentimientos angustiosos pueden ser: dolor, autoculpabilidad, esperanza de reconciliación, rabia, preocupación por los padres y por la relación con ellos. En una encuesta realizada sobre los sentimientos angustiosos de jóvenes adultos sobre el divorcio de sus padres, Lisa Laumann-Billings y Robert Emery descubrieron que la mitad indicaba que aún producía trastornos en ellos, que se preocupaban cuando tenían que ver a los dos padres al mismo tiempo y consideraban que habían tenido «una infancia más dura que otros». Es importante resaltar que estas son experiencias dolorosas de estudiantes con buenas notas en la universidad.

En una encuesta realizada a adolescentes cuyos padres estaban divorciados (consulta el siguiente recuadro), se descubrió que muchos de ellos sentían inicialmente dolor (por ejemplo, tristeza y rabia); sin embargo, incluso con estos sentimientos iniciales, tras dos años la mayoría de los adolescentes tenían esperanzas, sentimientos y pensamientos sobre el divorcio mucho más pragmáticos. Además, muchos de estos adolescentes creían que ambos padres les querían igual que antes del divorcio.

Sentimientos de los adolescentes sobre el divorcio de sus padres

Porcentaje que respondió «sí» a cada pregunta

Cuando mis padres se divorciaron, yo me sentía:

Avergonzado: 3 %
Triste: 50 %
Aliviado: 11 %
Enfadado: 22 %

Esperanza, sentimientos y pensamientos sobre el divorcio de sus padres después de dos años:

Piensa que sus padres volverán a estar juntos: 2 %
Siente que el divorcio es culpa suya: 5 %
Está enfadado con su madre por el divorcio: 6 %
Está enfadado con su padre por el divorcio: 9 %
Cree que su madre le quiere menos desde el divorcio: 8 %
Cree que su padre le quiere menos desde el divorcio: 7 %

Como dijimos al principio, la respuesta a esta pregunta sobre los efectos del divorcio en los hijos es complicada. Intentemos resumir lo dicho hasta ahora. En la media de los casos, los hijos de padres divorciados funcionan peor tanto a corto como a largo plazo que los hijos cuyos padres permanecen casados, aunque las consecuencias, en general, no son muy graves. Además, entre los hijos de padres divorciados existe una gran diversidad a la hora de adaptarse, lo que demuestra que la forma de llevar a cabo el divorcio es muy importante. Por último, la mayoría de los hijos, independientemente de lo bien que se hayan adaptado al divorcio, experimentan un dolor que acompaña a este proceso y que es muy probable que perdure en el tiempo. Es cierto que los efectos del divorcio en los niños son muy complicados de analizar. Sin embargo, si decides divorciarte, un mensaje importante, que queremos transmitirte con este libro, es que hay muchas cosas que puedes hacer para favorecer la adaptación de tu hijo en estos difíciles momentos, tanto durante como después del divorcio.

Antes de continuar, consideremos brevemente dos aspectos más. El primero es lo que se ha venido a llamar «el efecto retardado». Este efecto se da cuando un niño parece que se está adaptando bien al divorcio pero tiene problemas emocionales ocultos que surgen varios años después. Esta es una idea muy discutida y de la cual existen muy pocas investigaciones realmente fiables. Como padre, en los momentos iniciales, no debes preocuparte por los problemas que puedan surgir en el futuro, sino que debes centrarte en favorecer la adaptación de tus hijos ahora. La mejor forma de asegurar la adaptación futura de tu hijo es favorecer su adaptación actual y este libro te ayudará a hacerlo.

Por último, al considerar los efectos del divorcio en los hijos, debemos resaltar que necesitas darte cuenta de que algunos de los efectos negativos que se han atribuido al divorcio, tanto en el campo científico como en los medios de comunicación, pueden tener sus raíces en las cosas que suceden antes del divorcio. Aunque los estudios científicos sobre este tema son escasos y los descubrimientos no son consistentes, existen evidencias (como demuestra el trabajo de Yongmin Sun de la Universidad del Estado de Ohio en Mansfield) que sostienen esta idea, en concreto cuando existen grandes niveles de conflictos y problemas entre los padres antes del divorcio. Por tanto, no es sólo lo que tú como padre hagas durante y después del divorcio, que es importante, sino también lo que hiciste antes del divorcio. También es importante destacar que existen muchos aspectos que no están relacionados con el divorcio pero que tienen consecuencias en la adaptación de los hijos (por ejemplo, una predisposición genética a los problemas y a las presiones del grupo). En otras palabras, el divorcio y tus acciones como padre son muy importantes, pero de ninguna manera son las únicas cosas que determinan la correcta adaptación de tu hijo, ni en el presente ni en el futuro.

¿A qué edad aceptan nuestros hijos mejor el divorcio?

Muchos padres luchan contra sus sentimientos porque creen que existe una edad ideal para divorciarse. Algunos piensan que cuando el niño es pequeño, es decir, antes de que se sienta demasiado unido a ambos padres. Otros opinan que deben esperar hasta que sus hijos tengan una edad suficiente para «entender» el divorcio. Incluso, algunos creen que deben esperar hasta que el hijo se haya ido de casa. Existe un gran número de teorías sobre la «edad ideal» para que los niños asimilen el divorcio de sus padres. Sin embargo, apenas hay evidencias que sugieran que una edad es mejor o peor que otra. De nuevo, lo más importante es cómo lleves a cabo tu divorcio, no la edad de tu hijo.

También debemos indicar que algunas personas creen que el divorcio es peor para los niños que para las niñas. Esta creencia se basa en el hecho de que los hijos suelen vivir principalmente con la madre después del divorcio y, como resultado, los niños varones no tienen en casa un modelo masculino al que imitar o seguir. Creemos que este referente masculino es importante, sin embargo, existen pocas evidencias que sugieran que los niños tienen más problemas con el divorcio que las niñas e, incluso cuando hay evidencias, éstas son muy pequeñas. De nuevo, lo más importante es tu forma de actuar en tu divorcio y no si tu hijo es un niño o una niña.

¿Puede ser mi divorcio sencillo?

Cuando hay niños, la respuesta a esta pregunta es «No». Si una pareja sin hijos se divorcia, pueden tomar caminos distintos después del divorcio, a menudo sin tener que volver a tener contacto entre ellos. Sin embargo, cuando tienes un hijo, es necesario mantener una relación con tu exesposo. No es sencillo restablecer esta relación y tener la responsabilidad de criar a tus hijos en este difícil momento. Incluso aunque los cambios en los últimos años de las leyes gubernamentales sobre el divorcio (por ejemplo, el divorcio de mutuo acuerdo) han facilitado el proceso legal, los temas legales no suelen ser sencillos cuando hay hijos.

Consideremos algunos cambios concretos que se producen con el divorcio. Primero, va a haber un único padre en la casa que haga las tareas de los dos; en otras palabras, el trabajo aumenta. Segundo, los estudios de investigación indican que para las madres que tienen la custodia, el presupuesto familiar total a menudo se reduce en un 50 por ciento en el año siguiente al divorcio; en otras palabras, el dinero disminuye. Tercero, vas a pasar por un proceso de adaptación tanto personal como socialmente; en otras palabras, sufrirás momentos de inseguridad personal y relacional. Por ejemplo, ¿de qué parte se van a poner vuestros amigos, de tu parte o de la de tu ex? En cualquiera de los casos, se va a producir una pérdida del contacto social que vuestra familia tenía anteriormente. Estos contactos sociales implican no sólo a los amigos sino también a los familiares de ambas partes. Cuarto, va a haber períodos en los que te sientas abatido y solitario y te preguntes por qué hiciste pasar a tu hijo y a ti mismo por el divorcio; en otras palabras, te replanteas tus decisiones pasadas.

A continuación, vamos a considerar algunas decisiones legales que vas a tener que tomar. Primero, acuerdos sobre la custodia de los hijos: custodia única de la madre, custodia única del padre o custodia compartida. Segundo, independientemente de la custodia legal establecida, ¿cuáles serán los acuerdos sobre la custodia física? Es decir, cuánto tiempo pasará vuestro hijo con cada uno de vosotros y cómo se va a distribuir este tiempo. Existen infinidad de formas de acordar el tiempo entre tú y tu excónyuge, y tendréis que llegar a un acuerdo que sea adecuado para los dos (y para vuestro hijo). Tercero, ¿habrá pensión alimenticia? y, de ser así, ¿cuál será su cuantía? Cuarto, ¿habrá pago de manutención de menores? Quinto, ¿estableceréis tú y tu excónyuge vuestras diferencias mediante pleitos o con la ayuda de un mediador?

Estos son ejemplos de decisiones legales que tendrás que afrontar y, como es probablemente obvio, las respuestas no son sencillas. Si te estás planteando el divorcio, lo esencial es que te des cuenta de que el divorcio tiene varias facetas y que es un proceso que se extiende a través de un largo período de tiempo.

¿Hay algo que podamos hacer para ayudar a nuestro hijo durante y después del divorcio?

La respuesta a esta pregunta es un rotundo «Sí». Hay multitud de cosas que puedes hacer para ayudar a que tu hijo se adapte a la nueva situación tanto en el proceso de divorcio como después de él. De hecho, esta es la finalidad de este libro. Para enfatizar las maneras de ayudar a tu hijo durante este proceso, vuelve a mirar el primer recuadro en el que se indicaban los diez hechos relacionados con el divorcio que producen más tensión en los hijos. Te darás cuenta enseguida de que nueve de los diez casos implican directamente cosas que tú como padre puedes hacer. ¡Puedes hacer mucho por la adaptación de tu hijo tras el divorcio! La mayor parte del contenido de este libro se dedica a exponer métodos para ayudar a los hijos a asimilar el proceso de divorcio.

Antes de pasar a las cincuenta estrategias, veamos un último punto. Cada niño es único y tiene diferentes necesidades. Esto probablemente no es una sorpresa para ti, en particular si eres padre de más de un hijo. Algunos niños son fácilmente adaptables, algunos son nerviosos, otros extrovertidos o introvertidos, algunos son impulsivos, etc. Los niños vienen al mundo con su propio estilo o tendencia de comportamiento, que es lo que se conoce popularmente como el *temperamento o carácter* del niño.

Puesto que todos los niños son diferentes, puedes imaginarte que su reacción frente al divorcio también será distinta. Un niño con un temperamento adaptable mostrará menos reacciones negativas que uno nervioso o inseguro. Sin embargo, la situación es aún más complicada puesto que un niño con un temperamento más difícil puede arrastrar un problema de descuido o falta de atención en su educación por parte de sus padres. Por ejemplo, si tu hijo tiene un temperamento muy fuerte, puede que esté continuamente discutiendo contigo o provocándote. No aceptará un «No» por respuesta. A menudo, como resultado de su insistencia, perderás el control y le gritarás. Un hijo con un temperamento difícil requiere un cuidado y una educación constantes, especialmente en momentos de tensión como puede ser el divorcio de sus padres. Por desgracia, como acabamos de señalar, es muy duro educar correctamente a un hijo con un temperamento difícil. Lo que se pretende explicar es que si tienes un hijo con un carácter difícil, vas a tener trabajo extra durante el divorcio. Por fortuna, las cincuenta estrategias que se explican para mejorar la adaptación del niño al proceso de divorcio se pueden aplicar a niños de cualquier tipo de temperamento.

Parte 1ª

Planificación del divorcio y comunicación a los hijos

1

Comprensión de las leyes y del proceso de divorcio

Estaba tan pendiente de mis emociones que no pensé mucho en el proceso legal. Sólo estaba centrada en hacer un esfuerzo por pasar otro día. Cuando llegamos a juicio, me di cuenta de que la verdad y la justicia no siempre prevalecen: me sentía como en una guerra.

Bonnie, treinta y seis años, madre de tres niños pequeños.

En la Introducción señalamos que el divorcio nunca es sencillo para los padres. Es un proceso que implica muchas decisiones y, en algunos casos, difíciles. Algunas de ellas tienen que ver con los aspectos legales. Es muy importante que entiendas los aspectos legales del divorcio y que te des cuenta de que las leyes relacionadas con el divorcio pueden variar sustancialmente de un lugar a otro. Por ejemplo, en los Estados Unidos, mientras que muchos estados tienen divorcios «de mutuo acuerdo»*, otros no lo tienen. Si este tipo de divorcio no existe en el lugar en el que vives, o si tu esposo no quiere el divorcio, necesitas probar legalmente una razón (o varios motivos) para el divorcio. Este proceso implica culpar a un esposo y a menudo conlleva reclamaciones y una disección detallada y abierta del matrimonio. Como puedes imaginar, dicho proceso suele abrir numerosas heridas y puede aumentar drásticamente el conflicto entre los padres. Esto normalmente conduce a un camino

---

* En España sí existe el divorcio de «mutuo acuerdo» *(N. de la Ed.).*

lleno de hostilidades y resentimiento que dificulta la cooperación entre los padres después del divorcio.

En Norteamérica, los estados y sus condados tienen también diferentes leyes en relación al tipo de custodia y si es optativo, preferente o presunto un tipo de acuerdo concreto sobre la custodia. De este modo, en algunos lugares puede existir una presunción (que es más «fuerte» que una preferencia) hacia la custodia única, mientras que en otros lugares puede existir una presunción de custodia compartida. Avanzando un poco más, en algunos lugares es necesario que se pruebe que la custodia compartida es más ventajosa para el niño antes de que se tome una decisión, mientras, con una variación mínima de términos, otro lugar puede requerir una custodia compartida a menos que se demuestre que va en detrimento del niño. Estas dos leyes son completamente diferentes y pueden tener implicaciones en los acuerdos sobre la custodia. No sólo varían las leyes de un estado, provincia o comunidad a otro, sino que las leyes que se aplican a unas áreas geográficas determinadas se revisan constantemente. Por lo tanto, es esencial que obtengas información actualizada para tu comunidad. Algunas de las páginas Web indicadas en la sección de recursos contienen información sobre las leyes de cada estado de los Estados Unidos. Sin embargo, recuerda que las leyes pueden haber cambiado desde la última vez que se actualizó la página Web.

Vamos a centrarnos en los acuerdos sobre la custodia por un momento, puesto que este puede ser uno de los temas más importantes que necesitas considerar (consulta Estrategia nº 5 «Evita las disputas por la custodia: dialoga»). Existen varios tipos de acuerdos sobre custodia legal, siendo la más común la custodia individual por un padre (en más del 90 por ciento de los casos de custodia individual, la madre es la que la tiene), custodia compartida y, en raras ocasiones, custodia dividida. La custodia dividida, en la que un padre tiene la custodia de un hijo y otro padre tiene la custodia de otro hijo, se considera generalmente perjudicial para las relaciones entre hermanos y sólo se concede en circunstancias muy inusuales. Las leyes sobre la custodia compartida se implantaron en muchas zonas durante las pasadas décadas y ambos padres pueden mantener la custodia del hijo después del divorcio. En la actualidad, la mayoría de los estados de Estados Unidos tienen estatutos que permiten y fomentan la custodia compartida.

¿Es la custodia compartida mejor que la individual? No existe ninguna confirmación científica sobre esta cuestión. Existen evidencias que sugieren que, con la custodia compartida, los padres parecen estar más involucrados con sus hijos y hay más probabilidades de que se continúen realizando los pagos de manutención de menores. Sin embargo, hay pocos datos que avalen que la adaptación de los hijos es mejor en un tipo de acuerdo sobre la custodia que en otro. Eleanor Maccoby, de la Universidad de Stanford, es quizás la que mejor ha resumido las evidencias científicas existentes. En su opinión, la custodia compartida es mejor si los padres están dispuestos a cooperar; sin embargo, si no pueden cooperar, la custodia compartida es peor que la individual. No es importante el tipo de custodia, lo realmente importante es la forma de interactuar de los padres entre ellos y con sus hijos.

Con tantos aspectos legales que hay que tener en cuenta, es esencial que te informes del todo sobre las normas de divorcio y los procesos legales de tu comunidad tan pronto como hayas decidido separarte y emprender el divorcio. Normalmente, la mejor manera de informarse sobre estos aspectos es contactar con un abogado especializado en la materia. En la mayoría de las ocasiones la mejor manera de seleccionar un abogado es a través de las recomendaciones de otros. Habla con aquellas personas que se hayan divorciado o sepan de abogados de tu comunidad expertos en estos temas. Es muy importante que te asegures de obtener un abogado que tenga mucha experiencia en casos de divorcio. Si tienes problemas para encontrar a un abogado que esté especializado en estos temas, puedes contactar con la *American Academy of Matrimonial Lawyers* en Chicago y preguntar si tiene miembros que ejerzan en tu comunidad. Un recurso adicional para encontrar un abogado e información sobre las leyes del divorcio estatales es tu asociación local.

Una vez que tengas varios nombres de abogados, deberías organizar una pequeña reunión con los que tengas al principio de la lista antes de tomar una decisión final. La finalidad de estas reuniones no debe ser «bombardear» a los abogados solicitando información y consejo legal, sino más bien determinar qué abogado quieres que te represente en el proceso del divorcio. Piensa de antemano el tipo de abogado con el que te sientes más a gusto para que represente tus deseos. Algunos abogados son más agresivos y competidores. Un padre nos describió a los abogados que participaron en su caso como «gladiadores luchando hasta la muerte». Los abogados que son excesivamente agresivos y competidores pueden suscitar venganza en los padres a los que representan. Esto puede conducir a un conflicto a largo plazo aún mayor para ti y tu cónyuge. Recuerda que tu abogado te va a servir de defensor en los temas legales, por lo que es muy importante que no sólo confíes en él sino que te sientas a gusto con el acercamiento que utilizará al representarte.

En los primeros encuentros con tu abogado intenta descubrir sus ideas generales sobre la custodia compartida, el diálogo y otros asuntos relacionados con el divorcio. Asegúrate de preguntarle todos los términos legales que no entiendas. Durante el proceso de divorcio quizás te encuentres con términos legales que nunca antes habías oído. Puede que haya otros términos, como «activo», que creas que entiendes, pero dentro del sistema legal suelen ser mucho más complicados de lo que son en otros contextos. Por ejemplo, los activos pueden venir determinados por el valor de sustitución, el valor en el mercado o el valor de liquidación. Lo importante es que tengas un abogado que esté dispuesto a explicarte los términos legales de tal forma que puedas entenderlos fácilmente.

Un tema que mucha gente no se atreve a preguntar a sus abogados son los costes que éstos acarrean. Debido al proceso legal, y en especial en los divorcios, pueden llegar a ser muy caros, por lo que tienes que preguntarle a tu abogado sobre sus costes y la forma de pago. También comprueba si va a existir un acuerdo por escrito en el que se reflejen los costes y la forma de pago.

Una vez que hayas elegido abogado, es muy importante que acuerdes una cita para discutir las leyes concernientes a temas como la custodia, las visitas, el pago por manutención de menores, los motivos del divorcio y la división de la propiedad tras el divorcio. En muchos lugares, se han preparado folletos y en algunos incluso vídeos, para las parejas que desean divorciarse, en los que se explican en términos generales los aspectos legales relacionados con el divorcio. Muchas asociaciones legales y gubernamentales tienen páginas Web con información sobre el divorcio y las leyes al respecto. Consulta con tu abogado la existencia de este material o recursos, en tu asociación local o en el juzgado que lleve los casos de divorcio de tu comunidad. Para tomar decisiones firmes, tienes que tener un conocimiento claro y detallado de los procesos y recursos que tienes disponibles.

Un aspecto final: recuerda que los abogados no son terapeutas ni árbitros conciliadores. Su trabajo es tratar los aspectos legales y financieros del divorcio, y no los emocionales. Quejarse a él de la forma en que tu cónyuge te irrita o altera no va a ayudar a resolver esos problemas. El trabajo de tu abogado es ofrecer asesoramiento legal y ayudarte en el campo de batalla del divorcio.

Recomendaciones:

- Infórmate sobre las leyes de divorcio y los procesos legales existentes en tu comunidad.

- Considera acuerdos de custodia probables, pero recuerda que normalmente no es el tipo de custodia lo más importante, sino cómo interactúan los padres entre ellos y con sus hijos en relación a la adaptación y bienestar del niño.

- Tómate el tiempo y el esfuerzo necesarios para elegir al abogado adecuado que te represente.

2

Soluciona los asuntos
más importantes

*Una vez que tomamos la decisión de divorciarnos, me sentía confuso
al pensar en todo lo que había que hacer a partir de ese momento.
No sabía por dónde empezar.*

Ronnie, 29 años, padre de un niño.

Una separación es más fácil para toda la familia si se planifica de antemano que si se precipita en un momento de tensión. Puede ser muy traumático para un niño despertarse una mañana o volver del colegio y descubrir que uno de sus padres se ha ido de casa.

Una vez que se ha tomado la decisión de separarse, debes tener en cuenta varias cosas importantes. Recuerda que debes hablar con tu abogado sobre estos aspectos, puesto que las primeras decisiones que tomes pueden tener implicaciones a largo plazo. Algunas de estas decisiones son: vivienda, manutención, programa de visitas temporal y división inicial de los bienes.

A menudo, en interés de todos los afectados, es recomendable asegurarse de que el cónyuge que se va de la casa tenga un lugar acogedor donde vivir. Una de las primeras cosas que los niños preguntan una vez que saben que su padre se va es el lugar en el que va a vivir. Asimismo, una de las primeras cosas que los niños quieren hacer es ir a ver ese lugar.

2. Soluciona los asuntos más importantes

Uno de los aspectos más difíciles que tienes que solucionar con tu cónyuge es el tiempo que tus hijos van a pasar inicialmente con cada uno de vosotros. Este puede ser un tema muy delicado debido a las frecuentes rivalidades entre los esposos por el tiempo que cada uno pase con el niño. Sin embargo, recuerda que el objetivo final es facilitar la adaptación de tu hijo y este propósito no tiene que coincidir con la satisfacción de ninguno de los cónyuges necesariamente. Intenta hacer una planificación para el primer mes en la que se refleje el tiempo que va a estar con cada uno de vosotros (incluyendo días y horas) y, a partir de ahí, realiza una mensual. Si podéis realizar una planificación, se reducirán las posibilidades de conflicto. Dentro de la misma, asegúrate de incluir los cumpleaños, fiestas, vacaciones y otras fechas importantes (consulta «Estrategia n° 20, Organizar cumpleaños, vacaciones y fechas importantes») que se produzcan durante el mes. Evidentemente, si tienes niños mayores o adolescentes, debes escuchar sus sugerencias y tener muy en cuenta su opinión. Aunque un tribunal establezca una planificación estándar (por ejemplo, cada dos fines de semana y una noche a la semana), si los padres se muestran imparciales y flexibles, los hijos experimentarán menos problemas a la hora de asimilar el hecho de que sus padres ya no viven juntos.

Algunos temas económicos requieren una atención inmediata, como quién va a tener acceso a las cuentas bancarias, quién va a pagar las facturas y quién va a hacerse cargo, al menos temporalmente, de los gastos económicos, el padre o la madre. También tendrás que realizar una separación temporal de los bienes. ¿Quién se va a quedar el coche? Si tenéis más de un coche, ¿quién se va a quedar con cada coche? ¿Qué muebles se puede llevar el padre que se muda? Esto no quiere decir que se tengan que tomar todas las decisiones relacionadas con los bienes en este mismo momento. Más bien, os debéis centrar en aquellos aspectos que realmente necesitan solucionarse rápidamente. Las decisiones definitivas relacionadas con bienes más caros se pueden dejar para más adelante.

Además de los temas económicos y los relacionados con la propiedad, existen otros aspectos personales que deben estudiarse en el momento de la separación. Primero, tendréis que decidir quién de los dos va a contar que os vais a separar y qué vais a decir al respecto. Una vez que se le haya dicho a los niños (consulta Estrategia n° 3 «Comunicar juntos la decisión a vuestros hijos»), se lo deberéis comunicar a todos los demás miembros de la familia y a otras personas, como los profesores o cuidadores de los niños, amigos, vecinos, compañeros de trabajo y bancos.

Aunque los aspectos mencionados anteriormente son muy importantes, nada es tan importante para los niños como que se cumplan las promesas que sus padres les hagan. Estas promesas deben ir más allá de la separación. Debes comprometerte a fomentar una relación estable entre tu hijo y tu exesposo. Tú y tu cónyuge debéis comprometeros a mantener las responsabilidades que iniciasteis como padres. Por último, y más importante, debéis comprometeros a evitar involucrar a vuestros hijos en las peleas, discusiones o luchas que podáis tener.

Mientras que hay cosas que han de solucionarse en los primeros momentos de una separación, hay otras que pueden esperar. Intenta evitar tomar decisiones importantes en las primeras etapas del proceso de divorcio a menos que sean absolutamente necesarias. Por ejemplo, no es el momento de tomar decisiones sobre tu carrera o tu trabajo. Aunque es posible que empieces a pensar en algunos cambios importantes, trata de tomarte todo el tiempo posible para pensar sobre ellos antes de tomar una medida que sea definitiva. Lo mejor que puedes hacer al principio es esperar a estar emocionalmente centrado antes de tomar decisiones que sean importantes y que no tengan vuelta atrás.

Recomendaciones:

- Tomad varias decisiones importantes relativas a la vivienda, manutención y bienes.

- Decidid juntos quién va a comunicar la noticia y acordad qué es lo que vais a decir.

2. Soluciona los asuntos más importantes

- Promete a tu hijo que vas a mantener una buena relación con tu cónyuge y que vais a mantenerlo fuera de los conflictos que puedan surgir.

- Pospón las decisiones importantes y definitivas hasta que te encuentres mejor y puedas pensar claramente sobre las implicaciones positivas y negativas de las mismas.

3

Comunicar juntos la decisión
a vuestros hijos

*Recuerdo la primera vez que mis padres me dijeron que iban a
divorciarse como si fuera ayer. Aunque fue hace diez años, lo
recuerdo perfectamente.*

Jacob, dieciséis años.

Una vez solucionados los temas más inmediatos relacionados con el divorcio, debes comunicarle a tu hijo la decisión que habéis tomado. Será difícil. Tú y tu cónyuge probablemente tendréis distintos puntos de vista sobre por qué se produce el divorcio y cada uno de vosotros probablemente tendréis unos sentimientos muy fuertes hacia el otro. Sin embargo, siempre que sea posible, es importante que ambos padres estéis presentes a la hora de comunicárselo a vuestro hijo. Esta unidad, independientemente del papel que tenéis como padres, ayudará a vuestro hijo a comprender que aunque la relación entre sus padres va a cambiar radicalmente, vais a continuar vuestra relación como padres con él.

Antes de hablar con vuestro hijo, es muy importante que vosotros dos sepáis de antemano qué vais a decir (necesitáis tener un plan). Puede ser muy útil escribir un esquema de lo que se va a exponer. Recuerda que es una discusión que vuestro hijo recordará el resto de su vida. No querrás hacerla aún más traumática al convertirla en un foro sobre los sentimientos negativos que tienes hacia tu cónyuge. Por este motivo, es esencial que tú y tu cónyuge hagáis la promesa de no discutir ni reñir a la hora de comunicarle a vuestro hijo que os divorciáis.

Independientemente de si se lo dice una persona o los dos, es muy importante planificar una fecha adecuada para comunicárselo. Debe ser tan pronto como hayáis decidido divorciaros (no querrás que tu hijo se entere por nadie más). Recuerda que los niños muchas veces perciben más cosas de lo que los padres pueden pensar. Muchos niños son conscientes de los problemas de los padres antes de que éstos se sienten con ellos para decirles que se van a divorciar. Por supuesto, si ya estás separado, tu hijo será muy consciente de la posibilidad del divorcio. Lo importante es no esperar demasiado antes de decírselo una vez tomada la decisión definitiva.

Tú y tu cónyuge debéis buscar una fecha en la que podáis pasar al menos una hora con vuestro hijo. Probablemente no necesitéis más de una hora, pero debéis aseguraros de que tenéis suficiente tiempo para tratar todos los asuntos y responder a las preguntas que pueda tener. No debéis ser interrumpidos. Debes desconectar el sonido del teléfono y evitar cualquier otra distracción. Será un momento importante y difícil para todos los involucrados. Debes darle la oportunidad de que comprenda, al máximo posible, lo que está sucediendo.

Dependiendo de la edad de tu hijo, su nivel de entendimiento será distinto. Evidentemente, cuanto menor sea el niño, menos entendimiento tendrá. Términos que los adultos utilizamos como *amor*, *matrimonio* o *divorcio* puede que sean difíciles de entender para los niños pequeños. Puedes llegar a sentirte frustrado si esperas que el nivel de comprensión de tu hijo sea demasiado grande. Por lo tanto, es importante que seas consciente de lo que entienden los niños dependiendo de la etapa de la vida en la que se encuentren. El siguiente recuadro muestra un esquema breve de la variación en el entendimiento inicial sobre el divorcio en diferentes grupos de edades.

Comprensión básica del divorcio en los niños

Bebés	No tienen entendimiento.
Antes de andar	Entienden que un padre ya no vive en casa pero no saben por qué.
Preescolares	Entienden que los padres están enfadados, disgustados y que no viven juntos pero no saben por qué.
Primaria	Empiezan a entender lo que significa el divorcio (por ejemplo, entienden que los padres ya no se quieren y que ya no vivirán juntos).
Secundaria y adolescentes	Entienden lo que significa el divorcio pero no necesariamente lo aceptan.

¿Qué debes decirle a tu hijo? Lo primero de todo es que no hay ninguna forma sencilla o perfecta de informarle de que os vais a divorciar. Sin embargo, hay algunas sugerencias que pueden ayudarte a decirlo. Un aspecto esencial que tienes que recordar es que la forma de decir las cosas puede ser tan importante, si no más, que lo que se diga. Recuerda que la comunicación no verbal tiene mucha más fuerza que la verbal. Muchos niños son muy susceptibles al estado emocional de sus padres. Los niños imitan con frecuencia el estado emocional de sus padres. Si te muestras desolado, es muy probable que tu hijo también se encuentre así. Si muestras una actitud segura frente al divorcio, se sentirá seguro y menos preocupado.

En cuanto a lo que vas a decir, debe ser simple y directo, en especial con niños pequeños. Quieres ser honesto pero no crítico. No es el momento de echar las culpas. Honesto no quiere decir que tengas que repasar todos los detalles crueles que te han conducido a tomar la decisión de divorciarte. Lo esencial es no mentir al niño. A continuación se muestra un ejemplo de una explicación sencilla, honesta y directa:

> *Tu padre y yo hemos intentado durante mucho tiempo solucionar las diferencias y los problemas de nuestro matrimonio. Hemos llegado a un punto*

3. Comunicar juntos la decisión a vuestros hijos

en el que nos hemos dado cuenta de que ya no podemos vivir felices juntos y hemos decidido divorciarnos. Es muy doloroso para todos nosotros, pero todo irá bien. Los dos te queremos mucho y seguiremos queriéndote y cuidándote, pero será desde distintos hogares.

Esta primera decisión sobre el divorcio obviamente no debe ser la última. Este será un momento muy emotivo para tu hijo y muchos de los detalles que discutas no los recordará claramente. Deberás repetir mucha de la información en más de una ocasión. Una de las mejores formas de que él retenga y comprenda los distintos aspectos es a través de las preguntas que haga. Asegúrate de animarle a realizar preguntas teniendo en cuenta sus sentimientos y no reaccionando negativamente a sus cuestiones.

Hay otros puntos importantes que tienes que decirle a tu hijo. Describe específicamente qué permanecerá igual y qué cambiará desde su punto de vista (por ejemplo, dónde vivirá todo el mundo y cuándo pasará tiempo con el padre que no tiene la custodia). También debes indicar a tu hijo que de ninguna manera ha sido el culpable del divorcio. Algunos niños creen que con su actitud (por ejemplo, por sus problemas de comportamiento o por problemas en el colegio) han contribuido al divorcio de sus padres. Esta puede ser una gran carga para los hijos y el tema debe hablarse y aclararse al principio del proceso del divorcio.

Recomendaciones:

- Informa a tu hijo tan pronto como se haya tomado la decisión.

- Asegúrate de que todos los miembros de la familia (incluyendo ambos padres) estén presentes.

- Planifica exactamente cuándo y qué se va a decir.

- Sé honesto y directo.

- Da una razón sencilla para el divorcio.

- No evalúes culpas.

- Haz hincapié en que tu hijo no ha sido el culpable del divorcio.

- Insiste en que ambos padres continuaréis amándolo y cuidándolo.

- Recalca que vuestro hijo sigue siendo parte de la familia.

- Indica cosas que permanecerán iguales.

- Señala los cambios que se producirán.

- Si tu hijo es mayor, explica los pasos que se han seguido para intentar salvar el matrimonio.

- Ten en cuenta sus sentimientos.

- Promueve preguntas.

- Repite la información en más de una ocasión.

4

Anticípate a las preguntas
de tus hijos

*Mis padres estaban tan enfadados y furiosos que tenía miedo de
preguntar cualquier cosa relacionada con el divorcio. Pero había
tantas cosas que no entendía.*

Stacey, doce años.

No sólo debes seguir las indicaciones que ya hemos mencionado anteriormente sobre cómo decirle a tu hijo que os vais a divorciar, también debéis
estar preparados tú y tu cónyuge para contestar a aquellas preguntas que tu
hijo formule. Probablemente te sorprendas al ver que la mayoría de ellas están
relacionadas con él mismo. El divorcio de los padres puede ser una época de
miedos para los niños y, por lo tanto, un niño puede estar preocupado por
qué va a pasar con él.

Como ya hemos indicado, es importante que tanto tú como tu cónyuge
motivéis a vuestros hijos a haceros preguntas. El motivo fundamental es que
los hijos pueden tener unas ideas equivocadas sobre las causas, las consecuencias y el proceso del divorcio. Un niño puede creerse alguna de las siguientes
afirmaciones: uno de los padres es el culpable único del divorcio, el niño es el
culpable del divorcio, los padres volverán a vivir juntos o van a abandonarlo.

Por ejemplo, puede que te pregunten: ¿Tendré que irme a vivir con alguien que no conozco? Esta es una cuestión que puede que nunca se te hubiera ocurrido; sin embargo, es el tipo de preguntas en las que un niño puede pensar y, si se les da la oportunidad, preguntar. En el siguiente recuadro, se muestran algunos ejemplos de consultas que los niños y adolescentes pueden realizar. Por supuesto, es imposible decirte todas las dudas que los niños pueden tener y tampoco podrás anticipar todas las cuestiones que te van a plantear. Sin embargo, debes estar preparado lo mejor posible.

Preguntas que los niños pueden hacer sobre el divorcio

¿Quién va a cuidar de mí?

¿Me dejaréis solo?

¿Dónde voy a vivir?

¿Podré estar con los dos?

¿Qué pasará si me pongo malo?

¿Viviremos en la misma casa?

¿Quién me dará de comer?

¿Seguiréis siendo mi padre y mi madre?

¿Estaré con mis hermanos y hermanas?

¿Podré quedarme con mi mascota?

¿Dónde va a vivir mi papá?

¿Quién va a cuidar de mi papá?

Piensa en las posibles respuestas y también en cómo vas a contestarlas. Tus hijos se beneficiarán si tú y tu cónyuge tenéis una «reunión de ideas» en relación a las cuestiones específicas que vais a contestar antes de decirles a vuestro hijo que os vais a divorciar. Una estrategia que puede ser de gran ayuda es que cada padre cree por separado una lista con las posibles preguntas y respuestas. Lo ideal sería que los padres después se reunieran para revisar sus listas y tratar de decidir entre los dos las respuestas más adecuadas.

4. Anticípate a las preguntas de tus hijos

Las respuestas que les deis a vuestros hijos deben proporcionarles información objetiva dicha en el tono más neutral posible. Por supuesto que puedes decir cómo te sientes pero intenta hacerlo en un tono que no asuste a tus hijos. Si te pones demasiado emotivo o alterado, también lo estarán ellos. Puedes y debes tener en cuenta sus sentimientos. Independientemente de lo absurda que te parezca una pregunta o del daño que te haga, trata de contestarla. En el siguiente recuadro, se muestran algunos ejemplos de preguntas que pueden realizarte. No ridiculices, humilles ni riñas a tu hijo. Tu relación con él y cómo se adapte a esta difícil etapa estará, al menos parcialmente, relacionada con la forma que tengas tú de manejar estas interacciones.

Preguntas que los adolescentes pueden hacer sobre el divorcio

¿Qué les digo a mis amigos?

¿Tendré que mudarme?

¿Tendré que ir al piso de papá cada fin de semana?

¿Tendré que cambiar de colegio?

¿Por qué me hacéis esto?

¿Seguiré teniendo la misma paga?

¿Pueden seguir viniendo mis amigos de vez en cuanto a pasar la noche?

¿Quién irá a buscarme después de los partidos de baloncesto?

¿Por qué no podéis solucionarlo?

¿Por qué no pensáis en alguien más que en vosotros mismos?

Es muy importante tanto para ti como para tu cónyuge que no sólo fomentéis preguntas de vuestros hijos al inicio del proceso de divorcio sino que lo hagáis posteriormente en varias ocasiones. Por ejemplo, tú y tu cónyuge podéis animar a vuestros hijos a hacer preguntas cuando les digáis que os vais a divorciar. Puedes incluso decirles: «Algunas veces cuando un padre y una madre se separan, los hijos tienen preguntas, como ¿dónde viviré tras el divorcio? ¿Tenéis alguna pregunta de este tipo o alguna otra?». Dentro de dos o tres días debes volver a preguntar a tu hijo si tiene alguna duda. Puedes volverlo a hacer dos semanas después.

Hablar del divorcio con tus hijos y animarlos a que hagan preguntas no es una tarea fácil. Además, puede que escuches sentimientos y frases muy negativas. Sin embargo, tienes que darles la oportunidad de que se informen y de hacerse una idea de lo que está pasando. Veamos lo que tiene que decirnos Barbara sobre su experiencia, lo que resalta la idea de que explicar el divorcio es una tarea continua: «No recuerdo mucho del momento en que mis padres me dijeron que se iban a divorciar; sólo tenía cinco años. Quería saber más, pero mi padre y mi madre me dijeron que ya me lo habían explicado con anterioridad y que yo había dicho que lo había entendido (pero no lo entendí)».

Recomendaciones:

- Piensa detenidamente sobre las preguntas que tus hijos pueden hacerte y sobre cómo las vas a responder.

- Dile a tu hijo que te pregunte las dudas que tenga sobre el divorcio.

- Responde a las preguntas de una manera tan neutra y objetiva como sea posible.

- Pregunta a tu hijo las dudas que tenga al menos en tres ocasiones.

5

Evita las disputas por la custodia: dialoga

Estaba tan absorto por ganar la batalla legal por la custodia de mis hijos que desarrollé una actitud de «ganar a toda costa». Varios años después, me di cuenta de lo horrendo que fue el proceso y de lo víctima que habían sido mis hijos.

Tom, cuarenta y dos años, padre de dos niños.

La frase «por el mejor interés del niño» es el principio que se utiliza actualmente en los juzgados para determinar la custodia de los hijos. En esencia, la custodia se otorga de acuerdo a lo que se cree que es más conveniente para el interés futuro del hijo. Aunque muchos países tienen directrices para determinar el interés más adecuado del niño, a menudo son demasiado generales y vagos para ayudar a decidir a los jueces. Por tanto, si tú y tu cónyuge termináis delante de un juez, estarás dependiendo, al menos en parte, de la interpretación particular del juez sobre las leyes y su decisión final.

Los padres a menudo descubren que su principal desacuerdo durante el proceso de divorcio está relacionado con la custodia. Cuando se producen estos desacuerdos, cada padre frecuentemente se asocia con su abogado, psicólogo y amigos para presentar pruebas que indiquen que la «decisión sobre la custodia debe ser a mi favor». Por supuesto, el otro padre se asocia con su abogado, psicólogo y amigos para presentar pruebas que indiquen lo contrario. Un niño también se puede ver involucrado en la vista por la custodia al ser preguntado sobre sus preferencias. La mayoría de las disputas sobre el divorcio se solucionan fuera del juzgado; sin embargo, las constantes amenazas sobre una vista judicial puede hacer que las negociaciones entre los exesposos sean muy hostiles y precisamente esto es lo más dañino para tu hijo. Por lo tanto, se han buscado otros métodos para resolver las disputas por la custodia.

Una alternativa es la mediación en el divorcio. Ambos padres se reúnen con varios mediadores, profesionales (en algunos casos, abogados y psicólogos) con formación especializada en la mediación de ayuda a los padres para establecer sus diferencias y negociar concesiones. La finalidad de la mediación en el divorcio es llegar a un acuerdo que sea aceptado por ambos padres. Este método de cooperación se presenta como alternativa a los acuerdos sobre custodia que tienen lugar en un juzgado y que tienden a ser vistos con un resultado de ganador-perdedor. La mediación normalmente se soluciona en varias sesiones (la duración real depende del número y de la complejidad de asuntos específicos) y suele ser menos cara (tanto económica como emocionalmente) que un juicio.

Si no se puede llegar a un acuerdo mutuo en la mediación, entonces el caso irá a juicio. El doctor Robert Emery de la Universidad de Virginia, experto en mediaciones de divorcio, ha señalado que la mediación tiene muchas ventajas, que incluyen una reducción importante en el número de vistas por la custodia, mejor aceptación de los acuerdos alcanzados (que con órdenes del juez), menos conflictos y mayor cooperación entre los padres, y mayor satisfacción entre los progenitores, especialmente entre los padres (padres, no madres) que con el proceso contrario. (En cuanto al grado de satisfacción de padres/ madres, queremos resaltar que las investigaciones indican que tanto unos como otros están normalmente muy satisfechos con la mediación. Sin embargo, los padres prefieren la mediación antes que los pleitos que las madres). Por último, el doctor Emery también ha señalado que la mediación en sí misma no ha mejorado el bienestar mental de los niños ni de los padres. No obstante, como indicaremos a menudo en este libro, una disminución en el conflicto entre los padres, la cual puede darse con la mediación, conllevará probablemente una mejor adaptación del niño.

Por tanto, nuestra recomendación es probablemente obvia. Considera seriamente la posibilidad de la mediación para resolver las disputas relacionadas con la custodia de los hijos. Aunque la mediación no es la panacea, ofrece un camino para que ambos padres trabajen juntos por el bien de sus hijos.

Recomendaciones

- Considera la mediación del divorcio, puesto que ofrece alternativas potencialmente beneficiosas a los procesos legales para resolver los temas de la custodia. En la sección de recursos se puede encontrar información sobre las mediaciones.

Parte 2ª

Cuidarse uno mismo durante y después del divorcio

6

Prepárate para un periodo de adaptación

Sabía que mi hijo lo iba a pasar mal durante un tiempo por el divorcio, pero no estaba preparada para afrontar los sentimientos de soledad, vacío y desesperación que sentí.

Pat, treinta y siete años, madre de un niño.

Es importante recordar que el divorcio no es un suceso individual sino un proceso que dura varios meses, años o incluso décadas. Este proceso será como un viaje a través de un camino con muchos altibajos. Aunque los detalles de tu divorcio harán que éste sea único, compartirás muchas situaciones y emociones con otros que han pasado por este mismo proceso. Barbara Radford y sus colegas de la Universidad de Creighton han identificado cuatro fases del divorcio; cada una va acompañada de un conjunto de situaciones y emociones. Las fases, situaciones y emociones se representan en el siguiente recuadro. Como puede verse en el recuadro, las emociones negativas que van desde la infelicidad hasta el dolor se sufren normalmente en cada fase del proceso de divorcio. Puede que tú también sufras algunas de estas emociones. Si es así, puede ayudarte saber que no estás solo.

Mucha gente considera erróneamente que se adaptarán fácil y rápidamente al divorcio. La realidad es que los primeros años pueden ser muy difíciles.

Tendrás que construir una nueva vida y una nueva identidad, y eso lleva tiempo. Necesitas admitir que será un periodo de adaptación muy difícil para ti (probablemente durante más tiempo del que piensas). El periodo de adaptación puede ser especialmente difícil para ti si no has sido tú quien ha tomado la decisión de divorciarse; sin embargo, este periodo es a menudo muy difícil para ambas partes. Es muy importante que tengas en cuenta que dependiendo de la forma en que tú actúes en este cambio, tu hijo actuará de igual manera.

Fases del divorcio

Fase	Comportamiento	Emociones
Antes del divorcio	Distanciamiento	Infelicidad
Una vez tomada la decisión	Inicio de las acciones	Muchas emociones, ansiedad, odio y ambivalencia (todas intensas y profundas)
Separarse	Un cónyuge se muda; se rellenan los papeles del divorcio	Dolor
Mirando al futuro	Comenzar una nueva vida	Pesar

¿Qué dicen las investigaciones sobre los cambios que se producen al divorciarse? Para la mayoría de las personas se produce una disminución de la estima. También se producen sentimientos de soledad, angustia y remordimientos («¿Hice lo correcto?» o «¿Qué podría haber hecho distinto para salvar mi matrimonio?»). Los sentimientos que más se producen son depresión, odio y ansiedad. Además, algunas personas que se están divorciando dicen que «un día se encuentran alegres y otro alicaídos». Las fechas más difíciles suelen ser las vacaciones, los cumpleaños, los aniversarios y otras fechas que tienen un carácter especial para ti y tu esposo y para el resto de la familia. La intensidad de las emociones sobre tu exesposo y el matrimonio será como una montaña rusa en la que las subidas y bajadas serán cada vez menos bruscas. Además de las reacciones emocionales, pueden producirse cambios físicos, como pérdida de peso y fatiga. Es una etapa en la que tienes que asegurarte de cuidar tu salud física y mental. Por desgracia, algunas personas se crean hábitos poco saludables para hacer frente a la angustia, como beber alcohol en exceso o se meten en otra relación demasiado deprisa. Ten muy en cuenta estas recomendaciones.

¿Tienen los hombres o las mujeres más probabilidades de tener problemas de adaptación? Esta pregunta la han pensado, examinado y debatido los expertos. Las evidencias en estos momentos indican que los cambios físicos y psíquicos que se producen tanto en hombres como en mujeres, en general, son más similares que distintos.

Las experiencias emocionales que tiene una persona divorciada parecen estar relacionadas no sólo con las presiones principales que se producen en tu vida (por ejemplo, dificultades financieras, traslados, disputas importantes con tu excónyuge), también lo están con presiones menores o problemas diarios (por ejemplo, tu hijo está enfermo y no puede ir al colegio, el coche se queda sin gasolina, has tenido una pelea con un amigo). Esto indica que tanto los temas principales relacionados con el divorcio como los de la vida cotidiana que se producen durante el divorcio tienen una gran influencia en el proceso de adaptación. Por lo tanto, será esencial que desarrolles un sistema de defensa fuerte para afrontar tanto las presiones relacionadas con el divorcio como los asuntos diarios que se producen en tu vida.

Es muy importante que tengas una visión realista de las dificultades de adaptación tras el divorcio. Te encontrarás con escollos difíciles de superar durante el camino a medida que se presentan nuevas experiencias al reconstruir tu vida. Habrá ocasiones en las que será difícil tanto emocional como económicamente. Desarrolla estrategias para afrontar las dificultades emocionales (desarrolla un sistema de defensa fuerte) y los posibles problemas económicos (por ejemplo, haz un presupuesto y ajústate a él) por tu bienestar y también por el de tus hijos.

Recomendaciones:

- Prepárate y acepta que habrá un periodo de adaptación.

- Trabaja en identificar y dirigir los problemas de adaptación al mismo tiempo que mejoras tu bienestar general. El resto de esta parte del libro, «Cuidarse uno mismo durante y después del divorcio», muestra varias formas de lograrlo. Es muy importante que tengas en cuenta estas consideraciones para facilitar tu adaptación, que a su vez mejorará tu capacidad para ayudar a tus hijos en este difícil proceso.

7

Examina tu forma de enfrentarte
a la situación

*Tan pronto como mi mujer presentó la solicitud de divorcio,
empecé a tomar una bebida por las noches para poder dormir.
Para cuando el divorcio concluyó, bebía mucho…
cada noche. Era mi forma de evitar pensar en la realidad
del divorcio.*

Joe, cuarenta y un años, padre de dos niños.

Una forma de fomentar tu bienestar durante y después del divorcio es examinándote y, quizás, cambiando la forma con la que te estás enfrentando a las presiones. Cuando nos encontramos con una situación estresante como un divorcio y las presiones que le acompañan, cada uno de nosotros tenemos una forma distinta de actuar. Algunas son saludables y otras no. Replantearse la forma de actuar que estás usando automáticamente puede ser el primer paso para cambiar tu estilo, si no es el correcto.

Existen tres tipos básicos de actuación:

1. El estilo centrado en los problemas es aquél en el que se intenta tratar los problemas cambiando o manejando la situación para reducir la presión.

2. El estilo centrado en las emociones es aquél en el que no se intenta solucionar el problema, sino que se centra en controlar las respuestas emocionales que éste produce.

3. El estilo evasivo es aquél en el que se intenta hacer frente a un problema denegando su existencia, evitando tratar la situación o recurriendo al alcohol, las drogas u otras formas de silenciar la situación.

Pongamos un ejemplo. Supongamos que cuando tu hijo está en casa de tu excónyuge raramente se baña, se va a acostar tarde y consume sobre todo comida «basura». Si utilizas un estilo evasivo para afrontar este asunto, puedes imaginar que no está pasando nada (aunque sepas que realmente está pasando) o evitar hablar con tu excónyuge sobre tu preocupación. Si usas un estilo centrado en los problemas, puedes planificar una cita y comentarle este tema (usando quizás las tácticas descritas en la Estrategia nº 10, «Comunicación correcta entre los esposos»). Si utilizas un estilo centrado en las emociones puedes darte cuenta de la situación y no querer comunicárselo por temor a que no quiera cambiar la situación porque tú se lo has dicho. Lo que entonces tratarás de hacer es buscar maneras de solucionar la situación. Por ejemplo, pensar que, puesto que tu hijo pasa poco tiempo con tu excónyuge, quizás consideres que no merece la pena hablar del tema o preocuparse por él. Puede que también te centres en pensar que es más importante que tu hijo pase tiempo con su padre aunque su conducta no sea la más correcta. En otras palabras, puede que cambies la forma de pensar en la situación minimizando su importancia o tratando de pensar en los aspectos positivos de la situación en lugar de en los negativos.

Los estudios realizados son claros. Un estilo evasivo no es saludable. Dicho estilo puede llevar a muchos problemas, como problemas para dormir, convertirte en una persona amargada o excesivamente angustiada por tu hijo. Dependiendo de la situación, es mejor utilizar una estrategia centrada en los problemas o en las emociones. Si te encuentras ante una situación que puedes cambiar, entonces es mejor utilizar el estilo centrado en los problemas.

7. Examina tu forma de enfrentarte a la situación

Por el contrario, si la situación está fuera de tu control, la mejor solución es centrarte en tus emociones y aprender a afrontarla.

Como persona que te encuentras divorciada o en proceso, es muy importante que reconozcas que hay situaciones que puedes controlar y otras que no. Por ejemplo, apenas tienes control sobre el comportamiento de tu excónyuge. Sin embargo, tendrás una gran influencia sobre tu hijo, sobre todo si eres el padre que tiene la custodia. Identifica lo que puedes cambiar y utiliza un estilo centrado en los problemas para cambiarlo. Identifica lo que no puedes cambiar y utiliza un estilo centrado en las emociones para ayudarte a afrontar estos hechos incontrolables.

Recomendaciones:

- Examina tu forma de afrontar las cosas e identifica el estilo que usas principalmente.

- Si utilizas sobre todo un estilo evasivo, identifica el problema existente en tu vida e intenta utilizar una estrategia centrada en el mismo o en las emociones, dependiendo de si el tipo de problema es controlable o no.

- Una vez que has abordado el problema, utiliza una estrategia centrada en éste o en las emociones para solucionarlo. Utiliza el mismo método con cada conflicto que se plantee. Pronto te resultará más natural aplicar una estrategia activa a la solución de problemas que evitarlos. Sin embargo, para mucha gente será necesario *educarse* en pensar en el problema y preguntarse cómo hacerle frente antes de afrontarlo sin más.

8

Desarrolla tu sistema de defensa

Tenía tantas cosas que decir y nadie con quien poder hablar. Nuestra familia y amigos estaban de parte de mi esposa y yo estaba solo. A medida que pasaba el tiempo, me volví más reservado y depresivo.

Ted, veintisiete años, padre de un niño.

Utiliza el apoyo de tu familia y amigos para hacer frente al divorcio. Todos necesitamos relacionarnos, comprensión, simpatía, cuidados, confianza, consejos y sonreír para ayudarnos a superar estos difíciles momentos. El divorcio es un proceso lleno de tensión, nervios y pérdida de emociones. Intentar sobrellevarlo por ti mismo sólo aumentará la tensión, lo cual tendrá un impacto negativo sobre tus hijos.

A medida que avanzas en el proceso de divorcio, busca apoyo en tu familia y amigos. Los padres divorciados que tienen el apoyo de su familia y amigos suelen tener menos tensiones y sobrellevan mejor las presiones relacionadas con el divorcio. Además, para ayudar en la adaptación psicológica personal, los estudios realizados con padres en proceso de divorcio han descubierto que las relaciones satisfactorias con amigos y familiares hacen que éstos tengan una conciencia mayor sobre su paternidad y una mayor satisfacción en las relaciones con sus hijos. El apoyo de los amigos es especialmente importante durante este proceso, puesto que existe una tendencia, a medida que se deteriora la relación matrimonial, a alejarse de los amigos al igual que de muchas actividades sociales que se realizaban en pareja. Mientras que los amigos pueden prestar apoyo en el momento de la separación, a menudo este apoyo disminuye con el tiempo. Tienes que trabajar para mantener estas relaciones (llamarlos, organizar comidas, planificar actividades con ellos). Sin embargo, debes tener en cuenta que los amigos suelen ser muy reacios a «ponerse de parte de uno» cuanto te divorcias. Llama a tus amigos para obtener su apoyo; en ningún momento lo hagas para cotillear o urdir alguna artimaña contra tu excónyuge.

Aunque tanto el apoyo emocional como el práctico (como por ejemplo, tener a alguien de canguro) son importantes, el primero parece ser el más importante para las mujeres. En la investigación realizada por Nancy Miller y sus colegas de la Universidad de Akron estudiaron la relación entre el nivel de tensión existente entre las mujeres divorciadas y el tipo de apoyo social que recibieron de su familia y amigos. Descubrieron que el tipo de apoyo más beneficioso era tener a alguien a quien contarle sus problemas personales. Esto era de mayor ayuda que el apoyo práctico o material. Tener a alguien con quien hablar mejora la capacidad de la persona para solucionar problemas e incluso mejora los sentimientos de bienestar. Es imprescindible tener a alguien que sepa escuchar: busca hasta que encuentres a uno. Los sentimientos positivos que acompañan al «ser escuchados» ayudarán mucho en el proceso de curación.

Es importante que tengas al menos una persona que sea tu confidente, que escuche, permanezca neutral, te dé sugerencias honestas y te ayude a resolver los problemas. Recuerda que en muchas ocasiones las amistades cambian tras el divorcio y los familiares igual que los amigos pueden ponerse de parte de uno u otro. Puedes ir a grupos sociales que realicen actividades que te gusten (por ejemplo, que tengan las mismas aficiones), hacerte voluntario y otras actividades en las que puedas conocer y hablar con gente que tenga tus mismos intereses. También te puede interesar unirte a algún grupo de padres separados. Dichos grupos te brindan la oportunidad de conocer a otras personas que han pasado por tu misma situación y que se enfrentan a problemas similares.

Existen multitud de asociaciones de padres y madres separados por todo el mundo. Para obtener información sobre dichas asociaciones, consulta la sección de recursos en la que se mencionan muchas de las asociaciones existentes junto con sus datos y páginas Web. Si decides unirte a alguno de estos grupos, es muy importante que recuerdes que aunque estas actividades sociales pueden resultar muy útiles, no son en ningún momento sustitutas del apoyo de un familiar o amigo íntimo. Si no tienes ningún amigo íntimo, un objetivo puede ser fomentar relaciones que puedan darte el apoyo necesario. Si te resulta difícil, piensa en la posibilidad de un consejero.

Es muy importante que recuerdes que ese apoyo es necesario tanto para tu bienestar psicológico como para el de tu hijo. Las presiones que los padres sufren durante y después del divorcio suelen afectar a sus funciones como tales. Esto no debe sorprenderte, puesto que el ser padres supone un gran reto incluso con el apoyo de un cónyuge. Los padres que tienen la custodia se tienen que enfrentar a los retos y a las demandas de criar a los hijos sin tal apoyo y en ocasiones con poco, o ningún, desahogo de la rutina diaria. Las investigaciones realizadas por Ronald Simons y sus colegas de la Universidad del Estado de Iowa han descubierto que las tensiones emocionales de los padres están relacionadas con un cuidado de los hijos menos eficaz. Dichas tensiones pueden llevar a que los padres estén menos interesados en la relación con sus hijos, pasen menos tiempo de ocio con ellos, se vuelvan más irritables con ellos, los eduquen peor y no utilicen una disciplina coherente. Por lo tanto, es esencial que te tomes el tiempo necesario para alimentar tus relaciones con tus familiares y amigos para poder recibir el apoyo necesario y evitar que explotes y no eduques correctamente a tus hijos. Te lo debes a ti mismo y a tus hijos.

8. Desarrolla tu sistema de defensa

Recomendaciones:

- Ten en cuenta la importancia de las relaciones sociales.

- Hazte la promesa de alimentar las relaciones existentes y establecer nuevas.

- Busca relaciones que te brinden la oportunidad de tener a alguien que te escuche de manera objetiva en los asuntos que tienes que afrontar, al mismo tiempo que te proporciona la tranquilidad de que te comprende y te entiende. Elige a tus amigos con cuidado.

- No agobies a tus amigos y prepárate para devolverles su apoyo.

- No busques apoyo donde es poco probable que lo encuentres (por ejemplo, entre los familiares de tu excónyuge).

- Busca la asistencia de un consejero si no estás recibiendo el apoyo afectivo que necesitas.

9

Controla el estrés en tu vida

Algunas veces estaba tan estresada que no me podía concentrar
en el trabajo. Estaba tan tensa que reaccionaba
impulsivamente y gritaba a mis compañeros.
Finalmente, perdí mi trabajo por culpa de esto.
Me sentía como si lo hubiera perdido todo.

María, treinta y tres años, madre de dos niños.

Si te estás divorciando o ya lo estás, entiendes perfectamente qué es el estrés. La manera de pensar y actuar sobre él será muy importante para ti y tus hijos. Cuanto más estresado estés, menos posibilidades tendrás de controlar tu vida, incluyendo tu paternidad y tu paciencia como padre. Por tanto, si no controlas adecuadamente el estrés en tu vida, estarás angustiado y tus hijos tendrán dificultades de adaptación. Recuerda que ellos actúan imitando tu comportamiento.

Por suerte, existen diversas estrategias generales que pueden ayudarte a controlar el estrés que sufres a causa de tu divorcio.

El primer paso es identificar las causas del estrés. Haz una lista con todas las posibles causas, grandes o pequeñas, que te afectan. Repasa la lista y marca las que puedes cambiar o eliminar. Desarrolla un plan para cambiar una, y sólo una, de estas causas cada vez. Si intentas atajar varias al mismo tiempo, no podrás con ninguna de ellas. También, ten en cuenta que no sólo las cosas «grandes», como las finanzas, producen estrés puesto que, para mucha gente, los asuntos diarios pueden conjuntamente crear incluso más estrés. Si éste es tu caso, intenta planificar tu día para minimizar los pequeños problemas. La clave está en la organización.

Tómate un descanso o cambia de rumbo. No puedes pasarte las veinticuatro horas del día luchando contra el estrés de tu divorcio o trabajando por hacer el trabajo de dos padres. Explotarás. Un objetivo que tienes que ponerte es pasar varias horas de la semana haciendo algo que realmente te gusta. Esta actividad puede ser cualquier cosa que para ti sea relajante, como leer, ir al cine o quedar con un amigo. Otro tipo de distracciones también puede ayudar. A algunas personas les basta con cambiar de actividad o con hacer algo distinto.

Aprende a relajarte. Cuando la gente se estresa, muestra signos de tensión física. Algunos de estos síntomas son tensión muscular, dolores de cabeza, respiración rápida y ahogada y aumento de la presión arterial. ¿Te resultan familiares? ¿Estás sufriendo alguno? Una forma de controlar el estrés es aprender a relajarte y de esta forma reducir los síntomas de tensión física. Mucha gente cree que sabe cómo relajarse. Sin embargo, una relajación efectiva es algo más que sentarse delante del televisor, tomar una taza de café o beber una cerveza o una copa de vino con los amigos. Estas actividades pueden distraerte del estrés pero por lo general no reducen tu tensión física.

Una técnica eficaz para combatir la tensión física es aprender y practicar ejercicios específicos de relajación. Estos ejercicios pueden ser de respiración o de relajación de la tensión y los músculos. Existen muchas formas de aprenderlos. Los profesionales de la salud mental a menudo te enseñan de forma individual. Existen lugares en los que se imparten clases de relajación o de control del estrés. O incluso, puedes aprenderlo por tu propia cuenta con uno de los numerosos libros existentes sobre este tema (consulta la sección de recursos para obtener información).

Aprender estrategias para solucionar los problemas también te puede ayudar a controlar de manera eficaz las tensiones de tu vida. Existen menos probabilidades de que te sientas abrumado por los problemas relacionados con tu divorcio si aprendes y pones en práctica estrategias para resolver los problemas. Una estrategia para solucionar problemas implica los siguientes pasos:

1. Relájate y permanece calmado. Quizás quieras utilizar las técnicas de relajación que acabamos de mencionar.

2. Define claramente un problema. Intenta ser lo más específico posible.

3. Haz una lista con las posibles soluciones. No las evalúes todavía, sólo indícalas.

4. Evalúa las soluciones de la lista.

5. Elige la solución que te parece más correcta.

6. Aplica dicha solución y después decide si ha sido eficaz.

Tener un sistema para ayudarte a solucionar los problemas no quiere decir que seas capaz de solucionarlos todos de forma correcta, pero puede ayudar y proporcionarte una estructura para abordar los problemas. Dicha estructura puede ser de gran utilidad en los momentos en los que te sientas abrumado por el estrés.

Asegúrate de dormir lo suficiente. Todo el mundo se siente cansado en algún momento y, desgraciadamente, cuando eres un solo padre te sentirás más fatigado con el tiempo. Al estar cansado puede que seas menos paciente con tu hijo, tengas dificultad en ver las cosas de forma objetiva, tiendas a verlas de manera desproporcionada y reacciones de forma excesiva en determinadas situaciones.

Come una dieta equilibrada. La falta de energía puede provenir de una dieta pobre y también puede que no tengas defensas suficientes para luchar contra las enfermedades. Por desgracia, una de las situaciones que más se produce con el estrés que acompaña al divorcio es que cuanto más estresado estás peores suelen ser los hábitos alimenticios; cuanto peores sean tus hábitos alimenticios, menor fuerza tendrás para afrontar el estrés.

Asegúrate de hacer ejercicio. Igual de importante es la alimentación para tu bienestar general que la actividad física. Cuanto más en forma física estés, mayor posibilidad tendrás de afrontar tu divorcio y el estrés que conlleva. Por desgracia, cuando te encuentras estresado, se suele practicar menos ejercicio. Cuanto menos ejercicio realices, peor será tu estado físico. Lo que queremos decir es que el estrés del divorcio será mayor. El ejercicio habitual puede ayudarte a controlar el estrés (te brinda la oportunidad de despejar tu mente).

Intenta mantener un horario: para dormir, comer, hacer ejercicio e incluso para otros aspectos de tu vida. Al mantener un horario diario, semanal y mensual regular, serás capaz de trabajar para eliminar el estrés de tu vida y te asegurarás de llevar a cabo las actividades que necesitas realizar. Somos conscientes de que llevar un horario regular no es siempre fácil, especialmente con niños. Sin embargo, debes intentar ser lo más regular posible.

Busca algo que te permita liberar las emociones. El estrés del divorcio puede conducir a un aumento de las emociones. Es muy importante liberar esas emociones de forma saludable. Como Barbara Radford y sus colegas de la Universidad de Creighton han señalado, liberar las tensiones emocionales no tiene por qué solucionar necesariamente los problemas; sin embargo, puede proporcionar una válvula de escape que impida que se produzcan de forma no intencionada las explosiones de ira. Por tanto, tendrás la necesidad de hacer cosas como llorar, gritar, correr o ser tú mismo por un tiempo. Si llegas al punto en el que necesites liberar dichas emociones, reconócelas y busca la mejor forma para liberarte de ellas (sin dañarte a ti mismo o a otra persona).

Mantén el sentido del humor incluso en los momentos difíciles. Cuando la gente tiene estrés, suele perder su sentido del humor. Suele no ser capaz de ver las cosas graciosas de la vida. Esto es triste, puesto que el humor es una forma muy eficaz de controlar el estrés. También es muy importante que tu hijo aprenda que puede ser saludable reírse incluso en los momentos difíciles.

Reírse sobre cosas, y sobre uno mismo, realmente puede ayudar a mantener una perspectiva más realista sobre lo que está pasando a tu alrededor. La risa también te hace sentir bien y puede romper las tensiones. Por lo tanto, intenta no tomarte la situación demasiado en serio y busca su parte graciosa. Vas a necesitar una gran dosis de humor, además de todas las estrategias que hemos indicado para controlar el estrés de tu vida asociado a tu divorcio.

Recomendaciones:

- Identifica y reduce las tensiones.
- Tómate un descanso o cambia de rumbo (recarga las pilas).
- Aprende a relajarte.
- Aprende estrategias eficaces para solucionar problemas.
- Descansa lo suficiente.
- Mantén una dieta equilibrada.
- Haz ejercicio.
- Mantén un horario regular.
- Libera tus emociones.
- Mantén el sentido del humor.

Parte 3ª

Problemas de la pareja durante y después del divorcio

10

Comunicación correcta
entre los esposos

*Cada vez que sacaba un tema del que ella no quería
hablar solía mencionarme todas las cosas que había
hecho mal en el pasado.*

Sam, veintisiete años, padre de tres niños.

En la Introducción te indicamos las cinco posibles relaciones que podías mantener con tu excónyuge: compañeros perfectos, colegas cooperativos, socios furiosos, enemigos feroces y dúos disueltos. El tipo de relación que tengáis será un factor determinante en la adaptación de los hijos al divorcio. Por tanto, si no es posible mantener la relación de compañeros perfectos, es muy importante que hagáis todo lo posible por ser colegas cooperativos. Esta última indica que aunque no sois amigos (como sería el caso de compañeros perfectos), estáis dispuestos a cooperar por el bienestar de vuestros hijos.

¿Cómo puedes hacer esto? Primero, tienes que tener al otro padre informado sobre todos los asuntos de tu hijo: sus actividades, asuntos del colegio, temas médicos y todo lo que esté relacionado con su actitud o su disciplina. Ambos estáis educando a vuestro hijo y, para hacerlo de forma más eficaz, ambos necesitáis estar informados sobre todos los aspectos de su vida.

Segundo, la manera de tener a tu exesposo informado es igualmente importante. Necesitas comunicarte clara y eficazmente. Puede ser muy difícil el uso de habilidades de comunicación eficaces, especialmente si te sientes resentido con el divorcio y no tienes buenos sentimientos hacia él. Sin embargo, debemos volver a enfatizar que es importante por el bienestar de vuestros hijos tener una comunicación eficaz y respetuosa. Si durante las comunicaciones se producen grandes peleas, se producirán reacciones negativas en tus hijos.

Recuerda que lo importante a la hora de comunicarte con otra persona no es lo que dices sino cómo lo dices. En un estudio, el investigador Albert Mehrabian descubrió que sólo el 7 por ciento de lo que la gente comunica se hace mediante la palabra, el 38 por ciento mediante características vocales como el tono y el volumen, y el 55 por ciento mediante la expresión facial y el lenguaje corporal. En las situaciones en las que salen a relucir las emociones, como sucede durante y después del divorcio, recuerda que tu excónyuge se está centrando más en tu lenguaje no verbal que en «escuchar» lo que tienes que decir.

A continuación te indicamos algunas sugerencias que pueden facilitar la comunicación efectiva con tu excónyuge. (Estas sugerencias las hemos tomado de nuestro libro Parenting The Strong-Willed Child *y de material creado por el* Iowa Cooperative Extension Service*).*

- Elige un sitio neutral en donde tratar los temas difíciles. Es mejor un sitio público (cafetería, parque) que tu casa o la de tu exesposo. De esta forma, la conversación será más equilibrada entre los dos.

- Sé amable. Evita las ofensas y los insultos hacia tu exesposo.

- Permanece tranquilo. Cuando te encuentres alterado o emotivo, pierdes el control sobre la situación y no lleva a nada positivo.

- Evita las generalizaciones, críticas, acusaciones, amenazas y el sarcasmo.

- Establece objetivos antes de la reunión y céntrate en ellos. Si empiezas a insistir en los problemas del pasado, no resolverás ningún tema que desees discutir.

- Trata los problemas de uno en uno. Si intentas resolver muchos al mismo tiempo, corres el riesgo de abrumarte y terminar por no solucionar ninguno.

- Escucha adecuadamente. Esto es muy difícil si estás pensando en las cosas que vas a decir para «ganar un tanto» a tu exesposo. Si no prestas la atención correcta a lo que te dicen, no podrás esperar que la otra parte lo haga. No te preocupes por las habilidades de «oratoria» de tu exesposo. Céntrate en las tuyas.

- No hagas suposiciones. Pregunta a tu excónyuge su opinión sobre un tema y no busques segundas intenciones a su respuesta.

- Evita señalar con el dedo y realizar juicios. Ataca el problema, no a la persona. Para ello, utiliza mensajes en primera persona en lugar de en segunda. Por ejemplo, tu exesposo se puede poner a la defensiva y sentirse atacado si dices: «*Tú* siempre la dejas quedarse levantada tan tarde como ella quiera. *Tú* eres tan irresponsable». Si utilizas la primera persona puedes evitar que la otra persona se ponga a la defensiva. En resumen, la utilización de la primera persona indica los sentimientos que te afectan en una situación. Por ejemplo, «*Yo* estoy preocupada porque ella está pasando por un mal momento en el colegio debido a que no está teniendo el descanso suficiente. ¿Qué podemos hacer para asegurar que ella duerme lo suficiente?».

- Escucha los comentarios de cada uno y haced turnos para hablar. No quieras monopolizar la conversación más de lo que querrías que lo hiciera tu excónyuge.

- Céntrate en buscar soluciones. Una solución a un problema es mucho más importante que buscar el culpable. Usa los pasos para solucionar problemas descritos en la Estrategia n° 9, «Controla el estrés en tu vida», para ayudarte a realizar una lista de las posibles soluciones.

- Tómate más tiempo para considerar algunos temas u obtener más información. Si no estás seguro de cómo tratar un tema en concreto, no dudes a la hora de solicitar más información o más tiempo para pensar.

- Identifica puntos en los que estéis de acuerdo. Una vez que hayáis identificado algunos puntos (¡o uno!) en los que estéis de acuerdo, ambos os sentiréis como ganadores.

- Mantén una actitud dialogante en lugar de centrarte en hacer las cosas «a tu manera». En esto se basa la comunicación y el acuerdo de compromisos. Tu hijo se beneficiará y tú te sentirás bien.

- Comunícate con tu exesposo de la misma manera que te gustaría que él se comunicara contigo. Recuerda la regla de oro: no desees para los demás lo que no quieras para ti (pero no esperes que siempre sea recíproco).

11

No discutas con tu exesposo delante de vuestro hijo

Siempre se están peleando. Si se odiaban tanto,
¿por qué me tuvieron?

Clay, once años.

Lo más importante para el bienestar de tu hijo, además de seguir con vuestras funciones como padres, es evitar discutir con tu exesposo delante de vuestro hijo. Siempre es mejor para los niños la cooperación entre los padres; sin embargo, si ésta no es posible, entonces tu objetivo es conseguir que no haya conflictos. Por desgracia, en la mayoría de los casos, a menudo esto no es realista ni sencillo (los padres no se divorciarían si no discutieran ni riñeran). Por lo tanto, aunque puedan existir disputas entre los padres, existen suficientes evidencias para indicar que *no* deben producirse delante de los niños.

Se han relacionado las disputas que los padres tienen delante de sus hijos con problemas psicológicos, como agresividad, ansiedad, depresión, poca autoestima, dolencias físicas y problemas en el colegio. Aunque un niño que se vea expuesto a continuas disputas entre los padres no tenga problemas en todas estas áreas, se pueden producir uno o más de estos problemas. A continuación, se muestra el comentario de un niño: «Mis padres discutían todo el tiempo. Era tan horrible que empecé a tener dolores de estómago y náuseas. Mi madre creía que tenía algún tipo de enfermedad y me llevó a un montón de médicos. No tenía nada malo; era simplemente que las discusiones me habían afectado mucho».

Piensa en ello. Las disputas entre padres es un desacuerdo entre dos personas a las que el niño quiere. El niño puede sentir la necesidad de ser el aliado de uno de ellos; sin embargo, se preocupan por la relación que tendrán con el otro. Además, cuando los padres discuten o riñen, son un modelo para sus hijos de cómo *no* resolver los problemas. No es sorprendente descubrir que algunos niños solucionan los problemas con sus semejantes de la misma manera (siendo agresivos verbal o físicamente). O, para algunos niños, que son temerosos por naturaleza, las disputas entre sus padres pueden producirle ansiedad al ver lo que el conflicto significa para ellos o para ti. «¿No volveré a ver a mi padre nunca más?» «¿Están discutiendo mis padres por mi culpa?» «¿Se harán daño entre ellos?» Como se ve claramente por estos ejemplos, los hijos pueden sacar distintas conclusiones de las disputas de sus padres. Cuando discutes delante de tu hijo, no sabes qué conclusiones va a sacar, pero una cosa está clara: independientemente de las conclusiones, es poco probable que favorezca su adaptación psicológica o su relación con el otro padre.

A continuación se muestran más aspectos para tu reflexión. A diferencia de los hijos cuyos padres están casados, los hijos de padres divorciados a menudo *sólo* ven a sus padres tratar temas que normalmente conducen a disputas. Al no existir un tiempo en el que se produzca una comunicación positiva o de cooperación entre esos momentos de disputas, los niños se sienten angustiados cuando sus padres se ven. Esperarán las disputas y las riñas y se sentirán impotentes a la hora de evitarlas o detenerlas. Esto puede llevar a que los niños tengan grandes problemas siempre que los padres se vean.

Es muy importante resaltar que los efectos perjudiciales del conflicto en niños cuyos padres se están divorciando no se limitan al momento en que padres e hijos están juntos. Discutir por teléfono cuando los hijos se encuentran a un lado de la conversación puede ser igual de estresante para ellos. Las

11. No discutas con tu exesposo delante de vuestro hijo

amenazas, los gritos, colgar el teléfono bruscamente son ejemplos poco adecuados de cómo manejar los conflictos y producen angustia en algunos niños. Debes ser consciente de que, si tu hijo está en la casa, puede oír las conversaciones telefónicas de tono elevado (aunque pienses que está dormido).

Los conflictos entre padres divorciados se pueden producir por muy diversos temas: dinero, propiedades, custodia, visitas y educación de los hijos. Sin embargo, prepárate para asuntos de menor importancia, como por ejemplo que tu hijo vuelve a casa con los calcetines sucios después de estar en casa de su otro padre o que un padre llegue tarde cinco minutos para visitar a su hijo; estos motivos pueden ser igual de intensos y acalorados. En algunos momentos pensarás que no hay temas de poca importancia entre tú y tu excónyuge.

Los conflictos entre los padres delante de los hijos pueden tomar distintas formas. Pueden ser sutiles, como cuando los padres se «tiran indirectas», o estos conflictos verbales pueden ser más evidentes y hostiles, como cuando se producen amenazas, gritos o insultos. Además, el conflicto puede ser aún mayor cuando se empujan e incluso se pegan entre ellos. Los conflictos físicos son aún peores para los niños que los verbales; sin embargo, ambos son dañinos para la adaptación psicológica del niño.

Independientemente de la forma (física o verbal), existen otros aspectos del conflicto que se han identificado como particularmente perjudiciales para los niños. Como Robert Emery de la Universidad de Virginia ha resaltado, los conflictos que son frecuentes, que permanecen sin resolver y en los que se involucra a los niños son especialmente dañinos para ellos. Cuando los niños se ven involucrados en los conflictos, pueden sentir una necesidad de detenerlos. Además, se ven forzados a «tomar parte», lo cual es una situación imposible para ellos. ¡Hacer de árbitro en una disputa entre los padres en un intento de llegar a una solución o tener que elegir entre los padres no es adecuado para un niño!

Además, las disputas delante de los niños sobre temas relacionados con ellos son realmente perjudiciales, como por ejemplo, los pagos de manutención a menores, calendario de visitas durante las vacaciones o cualquier otro asunto. Independientemente del tema, el aspecto más grave es que involucra a tu hijo y puede hacerle sentir responsable. Algunos de los sentimientos que puede experimentar tu hijo son: culpa, necesidad de «hacer las cosas mejor» y frustración al sentirse impotente para hacerlas.

Recomendaciones para tratar los asuntos con tu excónyuge que son causa probable de disputa:

- Céntrate en lo que es más beneficioso para tu hijo y no en si puedes ganar una discusión con tu excónyuge. Si tomas este principio como base, te encuentras en el camino correcto. Seguir este principio conduce a varias estrategias específicas para tratar con tu excónyuge los temas que pueden conducir a un conflicto.

- No riñas ni discutas delante de tu hijo. Cuando estés con tu hijo y tu excónyuge, evita los temas delicados. Si tu excónyuge intenta empezar una discusión, dile: «Hablemos de este tema en otro momento». Si puedes decir esto de manera firme pero calmada, la mayoría de las veces podrás evitar las disputas delante de tu hijo. Sin embargo, en algunas ocasiones puede que no sea suficiente. En esas ocasiones, debes decir, «Te llamaré para quedar y tratar este tema en otro momento», y después, si es necesario, date la vuelta y vete.

- Cuando trates un tema con tu excónyuge, sin la presencia de tu hijo, sigue estas directrices:

  - Asegúrate de que tu hijo no pueda aparecer durante la discusión.

  - Habla de forma directa y permanece calmado independientemente de lo enfadado o agresivo que se vuelva tu excónyuge.

  - Céntrate en los temas de importancia (evita tratar otros temas o los defectos de tu excónyuge).

  - Utiliza una estrategia para solucionar problemas. Define el problema, busca posibles soluciones, evalúa las mismas, decide la solución a utilizar y, por último, evalúa si funcionará. Cuando puedas usar correctamente las habilidades para solucionar problemas con tu excónyuge sobre la mayoría de los temas, entonces podrás empezar a tratar ciertos temas delante de tus hijos. Ahora, en lugar de discutir o pelear delante de ellos, les estás mostrando una forma adecuada de solucionar los problemas y, al mismo tiempo, estás creando seguridad en ellos.

- Descubre aquellas situaciones en las que necesitas asistencia externa para resolver algunos temas con tu excónyuge. En el siguiente recuadro se enumeran distintas formas de resolver las desavenencias. Evidentemente, ambos tenéis más control con las dos primeras y son las que querréis utilizar en la mayoría de las circunstancias.

Solución de desavenencias con tu excónyuge	
Negociación	Tú y tu excónyuge tratáis los temas y os esforzáis por buscar una solución que sea buena para ambos.
Mediación	Una tercera persona neutral, que no tenga autoridad a la hora de tomar decisiones, facilita las discusiones entre tú y tu excónyuge.
Arbitraje	Una tercera persona neutral escucha a ambas partes y toma una decisión.
Litigio	Un juez toma la decisión sobre los temas.

- Si las discusiones entre tú y tu excónyuge se producen delante de vuestros hijos, no hables sobre ello con tu hijo hasta que te hayas calmado. Después, en tu conversación con tu hijo, no culpes completamente a tu excónyuge. ¡Se necesita a dos personas para pelearse! Explícale que los dos no estáis de acuerdo y que vais a hacer todo lo posible por resolver vuestras desavenencias. Indica a tu hijo que esta desavenencia no es por su culpa.

12

No utilices a tu hijo como mensajero o espía

Recuerdo que mentía a mi madre cuando ella me preguntaba si la novia de mi padre pasaba tiempo con nosotros los fines de semana. Sabía que si le decía la verdad, se enfadaría mucho.

Lora, diez años.

Una de las experiencias más difíciles para un niño de padres divorciados es hacer frente a la situación de «encontrarse en medio» de ellos. Muchos padres ponen a sus hijos en medio al hacerles preguntas sobre su otro padre, por ejemplo, sobre su vida privada (si están saliendo con alguien) o sobre detalles del tiempo que pasa junto al otro padre que van más allá del interés normal (buscar cosas para poder criticarlas). Los padres también pueden poner en el medio a sus hijos al enviar mensajes al otro padre a través de ellos («Dile a tu padre que todavía no me ha dado el dinero de la asignación» o «Dile a tu madre que le doy dinero suficiente como para que te compre unos zapatos nuevos»).

Christy M. Buchanan y sus colegas de la Universidad de Stanford nos han proporcionado mucha información sobre este tema, sobre poner a los hijos en medio. Han descubierto que casi dos tercios de los adolescentes de padres divorciados decían que a veces se encontraban atrapados en medio de sus padres y un 10 por ciento indicaron que muy a menudo se encontraban en esa situación. También descubrieron que problemas como ser utilizados como mensajeros o espías los consideraban entre los aspectos más estresantes asociados al divorcio. En el siguiente recuadro se incluyen algunas afirmaciones de niños cuyos padres solían utilizarlos de mensajeros o espías. Se han mantenido las frases que los niños utilizaron en este estudio realizado por el Dr. Buchanan y sus colegas.

Frases de los niños que se sentían «mensajeros» o «espías»

«Cuando uno de mis padres me pide que le diga algo al otro, que le diga esto o lo otro. Dile que no quiero que hagas esto nunca más. Cosas como esas».

«Como cuando mis padres discuten por el pago de... algo, normalmente tengo que hablar por teléfono por ellos porque ellos no quieren hablarse».

«Me siento atrapado cada vez que voy a ver a mi padre. Cuando vuelvo a casa y me bombardean con miles de preguntas».

«Mi padre le dice a mi madre que va a hacer algo y luego ella me pregunta si lo ha hecho. Me encuentro atrapado en el medio».

Reimpreso con el permiso de los editores de Adolescents After Divorce *de Christy Buchanan, Cambridge, MA: Harvard University Press, Copyright © 1996 by the President and Fellows of Harvard College.*

¿Qué es lo que sabemos de los niños que se sienten atrapados en medio de sus padres? Primero, que es más probable que les suceda a niños mayores o adolescentes que a niños pequeños. Además, es más probable que las chicas se sientan más atrapadas entre sus padres que los chicos. Cuando los padres tienen una relación marcada por grandes discusiones y poca cooperación paternal, es más probable que los niños se sientan más atrapados entre sus padres. Además, cuando los adolescentes tienen estrechas relaciones con sus padres (sí, con ambos), es menos probable que se sientan «en medio» de ellos. Esto se debe a que los padres que tienen una relación más estrecha con sus hijos son más sensibles a los sentimientos de sus hijos y, por tanto, es menos probable que se comporten de forma que pongan a sus hijos entre ellos. Por último, y quizás lo más importante, los niños que se sienten atrapados entre sus padres tienen una adaptación psicológica más pobre. Estos niños pueden sentirse angustiados o depresivos e, incluso, agresivos.

Recomendaciones:

- No utilices a tu hijo para enviar mensajes a tu excónyuge.

- Si tu hijo te trae un mensaje de tu excónyuge, llama y dile que te gustaría recibir los mensajes directamente y no a través de tu hijo.

- No hagas a tu hijo preguntas sobre la vida personal de tu excónyuge.

- No interrogues a tu hijo sobre el tiempo que pasa con su otro padre.

- Si descubres que tu excónyuge está haciendo preguntas a tu hijo sobre tu vida privada, ponte en contacto con él y muéstrale tu preocupación.

13

No utilices a tu hijo como aliado

Cuando tenía doce años, mi madre me contó todas las aventuras que mi padre tuvo. Le dije que no quería saber todos los detalles, pero de todos modos ella me lo contó porque decía que tenía que saber lo que mi padre había hecho.

Cynthia, diecisiete años.

Cuando los padres divorciados se pelean, ambos suelen buscar a sus hijos, tanto queriendo como sin querer, para que se pongan de su parte. Al igual que sucede cuando se utiliza a los niños como mensajeros o espías, usar a tu hijo como aliado en las discusiones con tu excónyuge es muy estresante para ellos. Piensa por un momento… tu hijo desea querer a ambos padres. Cuanto intentas que se «ponga de tu parte», le estás creando un conflicto al hacerle elegir entre dos personas a las que quiere. Algunos padres divorciados llegan a preguntar algunas veces a quién quieren más. Incluso cuando los padres no solicitan dicha elección de forma directa, pueden hacerlo indirectamente pidiendo al niño que elija en ciertas ocasiones. Por ejemplo, se le puede preguntar con quién desea pasar las vacaciones, vivir o estar en fechas importantes. Estas decisiones son muy difíciles para los niños, puesto que se ven en la obligación de elegir entre uno de sus dos padres.

Muchos padres presionan a sus hijos para que se alíen con ellos no pidiéndoles que elijan con quién quieren vivir o a quién quieren más, sino intentando que se pongan de su parte en ciertos temas relacionados con el divorcio. Por ejemplo, «Voy a volver al juzgado para intentar que tu padre nos dé más dinero cada mes. Si no conseguimos ese dinero extra, no podremos irnos de vacaciones este verano ni comprarte ropa nueva para el colegio». Otro ejemplo de ese tipo de presión es: «Si tu madre no me deja cambiar la noche que nos vemos la semana que viene, no podré llevarte al partido». En algunas ocasiones esta presión puede no ser intencionada o imperceptible, pero de cualquier forma es peligrosa para el niño. Algunos padres usan esa presión para intentar que sus hijos lo vean como «el tipo bueno» frente al otro padre que sería «el tipo malo». Sin embargo, a largo plazo esto suele volverse en tu contra. Según nuestra experiencia, cuando un padre está continuamente presionando a su hijo para que se ponga de su lado en ciertos temas, con el tiempo el niño normalmente termina teniendo sentimientos negativos hacia ese padre.

El siguiente recuadro contiene algunas afirmaciones de adolescentes que sentían que sus padres estaban intentando utilizarlos de aliados frente al otro padre. Como puedes ver, esta situación puede crear una gran tensión a los niños y adolescentes. Tu hijo ya tendrá bastantes dificultades para afrontar el divorcio sin recibir presiones por parte de ambos padres.

Frases de niños que estaban atrapados entre sus padres

«Bueno, a veces mi padre solía ponerme en un aprieto al preguntarme delante de mi madre con quién prefería vivir».

«Algunas veces me preguntaban con quién prefería estar o quién me gustaba más».

«Cuando se iban a separar... tuvimos que elegir con quién nos íbamos a ir... Yo no quería dejar a ninguno de los dos».

«Mi madre quería estar conmigo; mi padre también quería estar conmigo ese mismo fin de semana y él quería que nosotros decidiéramos».

«Mi madre y mi padre estaban discutiendo; yo me alteré y empecé a correr de uno a otro y ella dijo: 'Bien, ¡ponte de su parte!'. Yo me sentí fatal».

---

13. No utilices a tu hijo como aliado

Recomendaciones:

- Intentar reconocer aquellas situaciones en las que estás presionando a tu hijo, queriendo o sin querer, para que se ponga de un lado o de otro de los padres.

- Comprométete a no presionar a tu hijo para que elija entre uno de vosotros. Es muy estresante para un hijo tener que decidir entre uno de sus dos padres.

- *Nunca* preguntes a tu hijo si te quiere más a ti que a tu excónyuge.

- A medida que tu hijo crece, sabrá mejor las preferencias que tiene (por ejemplo, con quién quiere pasar ciertas fechas). Quizás quieras preguntarle qué quiere hacer, pero sé claro a la hora de hacerle ver que tú, o tu excónyuge, tenéis la última palabra. Si se le da a él la oportunidad de elegir, hazle ver que aceptarás su decisión y seguirás queriéndole. Sin embargo, debes estar dispuesto a aceptar y rechazar su decisión.

14

No limites lo que tu hijo puede contar a tu excónyuge

No me había dado cuenta del problema hasta que un día mi hija se enfadó después de que le dijera que no le contara a su padre algo. De repente, explotó y empezó a gritar que siempre le estaba diciendo que no le dijera a su padre cosas. No tenía ni idea de la presión a la que estaba sometiendo a mi hija por lo que yo estaba haciendo.

Lynn, cuarenta y un años, madre de cuatro niños.

Algunos padres que están divorciados no sólo utilizan a sus hijos como mensajeros o espías (consulta la Estrategia nº 12, «No utilices a tu hijo como mensajero o espía») o aliados (consulta Estrategia nº 13, «No utilices a tu hijo como aliado»), también ponen limitaciones sobre lo que pueden decir al otro padre. Esta es una manera de tener a tu hijo como aliado puesto que intentas tener secretos entre tú y tu hijo. Al igual que sucede al hacer de mensajeros o espías, esta situación pone una carga indebida sobre tu hijo.

Para un hijo, el hecho de tener que mantener secretos a alguien a quien se quiere es difícil y estresante. La situación se agrava aún más si el otro padre pregunta directamente sobre el secreto que se está guardando. En este caso, el

14. No limites lo que tu hijo puede contar a tu excónyuge

niño se enfrenta a la situación de decir el secreto o mentir. Por tanto, el niño se encuentra en una situación imposible.

El siguiente recuadro muestra algunas afirmaciones de niños a los que se les impusieron límites sobre lo que podían contar a su otro padre. Como se ve claramente en estos ejemplos, es muy estresante para los hijos y supone otra forma de involucrarlos en los asuntos de sus padres. Dichas obligaciones de lealtad suponen importantes problemas a la hora de hacer frente al divorcio de sus padres.

Frases de niños presionados para no decir algo al otro padre

«Mi padre me dijo que probablemente se iría a trabajar a otra ciudad. Me dijo que no se lo dijera a mi madre. Estoy preocupado y no sé qué hacer».

«Mi madre se pasa el día hablando mal de mi padre y luego me dice que no le diga a mi padre ninguna de las cosas que ha dicho sobre él. Me hace sentir fatal».

«Cuando mi padre sale con Cindy, a veces ella pasa la noche en casa. Si estoy allí, mi padre me dice que no le diga nada a mi madre porque si se entera quizás no me deje quedarme más con él».

«A veces mi madre me pregunta si mi padre dice cosas que no debo decirle a ella. Bueno, sí hay cosas que me dice que no quiere que le diga a mi madre, y no sé si mentir a mi madre o decírselas».

Recomendaciones:

- Piensa bien antes de decir algo a tu hijo si no quieres que se lo diga a tu excónyuge.

- No pidas a tu hijo que guarde secretos.

- Hazle ver a tu hijo que puede hablar sobre cualquier tema que quiera con su otro padre.

- Habla con tu excónyuge y llegad a un acuerdo para no imponer a vuestro hijo ninguna restricción a la hora de hablar con vosotros.

15

No critiques a tu excónyuge delante de tu hijo

> *No creo que mis padres tuvieran ni la menor idea de lo que sus constantes peleas me estaba haciendo (hasta que realmente me deprimí y me encerré en mí misma).*
>
> Jennifer, dieciséis años.

En la Introducción hemos indicado que uno de los sucesos que más tensión genera en los niños en relación al divorcio de sus padres se da cuando un padre dice cosas malas sobre el otro. Por desgracia, y sobre todo si los padres tienen muchas peleas, no es raro que un padre hable mal del otro a su hijo. Cuando esto sucede, tu hijo puede hacer varias cosas. Primera, puede defender a tu excónyuge. Esto provocará, casi con total seguridad, una discusión entre tú y tu hijo. Segunda, puede que no diga nada pero que se enfade contigo por criticar a alguien a quien él quiere. Tercera, y esto es poco probable que suceda, puede que esté de acuerdo contigo. Una cosa está clara, criticar a tu excónyuge no va a mejorar la relación con tu hijo, que es en el aspecto en el que debes centrarte después del divorcio. De hecho, criticar a tu excónyuge delante de tu hijo es muy probable que tenga el efecto contrario que pretendes.

En los últimos años, el término «alienación parental» se ha usado cada vez más para describir la situación en la que las acciones y palabras de un padre incitan a un niño a rechazar al otro. Esto implica criticar al otro padre delante de tu hijo. El término «síndrome de alienación parental» se utiliza para describir los problemas de los niños en situaciones extremas relacionadas con la campaña de aislamiento que un padre hace a su hijo en contra del otro. Aunque este término cada vez se utiliza más, no está reconocido como una enfermedad. Los profesionales que usan este término suelen describirlo como un conjunto poco definido de comportamientos del niño, de los padres y de la relación padre-hijo. Esto hace que sea muy subjetivo el uso del término en una situación determinada. La falta de claridad ha llevado a cuestionar a otros profesionales si realmente existe un verdadero síndrome. Estos profesionales no dicen que los niños en tales situaciones no tengan problemas, sino que consideran que no existe un único síndrome que se pueda diagnosticar con fiabilidad. Independientemente de la validez de tal síndrome, está claro que cuando un padre intenta aislar al niño del otro padre, mediante críticas o de cualquier otra forma, el niño sufre.

En el siguiente recuadro se incluyen afirmaciones de niños que han sufrido las críticas de un padre hacia el otro. Esperamos que, al leer estos ejemplos, te quede claro que criticar al otro padre crea un dilema muy difícil para los niños. Como padre, nunca puedes justificar las críticas realizadas al otro padre delante de tu hijo. Las palabras pueden hacer mucho daño a tu hijo.

Frases de niños que escuchan a un padre criticar al otro

«Mi madre dice cosas sobre mi padre, y yo no sé qué decir... algunas veces también mi padre dice cosas sobre mi madre, como que se está quedando con todo su dinero».

«Mi padre se pasa el día hablando mal de mi madre. Sigue y sigue hasta que llega un momento en el que creo que voy a explotar».

«A veces mi madre dice cosas realmente malas sobre mi padre. Quiero defenderle, pero sé que eso provocaría a una pelea, así que no hago nada».

«Mi madre critica a mi padre y mi padre critica a mi madre. Tengo que escucharles a ambos y estoy llegando al punto en el que ninguno de los dos me gusta».

«Es tan duro. Cada vez que veo a mi padre o hablo con él, todo lo que hace es criticar a mi madre. Es como si ya no nos divirtiéramos juntos».

Recomendaciones:

- Piensa detenidamente sobre cómo hablas de tu excónyuge a tu hijo o cuándo tu hijo puede oírte.

- Nunca trates los sentimientos hostiles que tienes hacia tu excónyuge con tu hijo, directa o indirectamente.

- Si oyes que tu excónyuge te está criticando delante de tu hijo, resiste las ganas de «luchar fuego contra fuego». En su lugar, habla con tu excónyuge en persona, por teléfono o por carta. Indícale que vuestro objetivo debe ser ayudar a vuestro hijo en este difícil momento. Puedes señalarle que sabes que tiene sentimientos negativos hacia ti; sin embargo, expresar esos sentimientos negativos a tu hijo lo único que conseguirá es deteriorar la relación entre tu hijo y tu excónyuge. Acuérdate de utilizar los mensajes en primera persona que tratamos anteriormente (consulta Estrategia n° 10, «Comunicación correcta entre los esposos»). Por ejemplo, en lugar de decir: «Estás volviendo a Jeffrey contra mí...», es mejor decir algo así: «Estoy muy preocupado con la actitud que está tomando Jeffrey sobre cosas que oye».

- Si tus esfuerzos fallan y tu hijo continúa informándote de las críticas, habla con él para que utilice otras formas de tratarlo con su otro padre. Por ejemplo, cuando empiecen las críticas, él puede decirle que le hacen sentir incómodo o mal.

- Fomenta activamente la relación con tu hijo en lugar de centrarte en los sentimientos negativos que tienes hacia tu excónyuge.

16

Vuelve a definir la relación con tu excónyuge

Mi exesposa se quejaba de todo lo que hacía con nuestros hijos. Después de cada visita, sabía que se iba a quejar de lo que habían comido, de lo que se habían puesto y de lo que habíamos hecho juntos.

Scott, veintiséis años, padre de dos niños.

Uno de los temas más importantes, y a la vez más difíciles, a los que te enfrentarás durante el proceso de divorcio es cómo volver a definir la relación con tu excónyuge. Siempre que haya hijos, existirá una relación entre los dos padres. Obviamente, esta relación no va a ser la misma que cuando estabais casados. Por lo tanto, tendrás que trabajar para establecer una nueva relación entre los dos.

Para educar correctamente a vuestro hijo, tendréis que separar las funciones de padres de la relación anterior que teníais. Es decir, tendréis que trabajar juntos para educar a vuestro hijo sin permitir que influyan los sentimientos negativos que tenéis el uno hacia el otro. Obviamente, ésta es una tarea muy difícil. Sin embargo, hay muchos padres que lo han logrado por el bien de sus hijos.

Pensemos en los términos que vas a tener que renegociar con tu excónyuge. Robert Emery de la Universidad de Virginia ha señalado que la intimidad y el poder son las dos decisiones más importantes de las relaciones. La intimidad hace referencia al acercamiento afectivo hacia otra persona. El poder hace referencia a quién tiene autoridad para tomar decisiones. Si los padres divorciados van a educar correctamente a sus hijos, deben producirse cambios importantes en cuanto a la intimidad y el poder se refiere.

Como sabes, dos personas que se están divorciando pocas veces tienen el mismo nivel de intimidad y acercamiento afectivo. En la mayoría de los divorcios, tal y como el Dr. Emery ha señalado, hay alguien «que abandona» y un «abandonado». Es decir, una persona quiere salir de la relación mientras que la otra quiere continuar. Por tanto, ambos tienen unas preferencias muy distintas sobre los límites de la intimidad. Por ejemplo, el «que abandona» querrá que el matrimonio termine pero querrá mantener algunos aspectos de la relación. Por el contrario, el padre que ha sido abandonado puede sentirse disgustado y no querer ser «sólo amigos» o «llevarse bien por el bienestar de sus hijos». Por otra parte, el «que abandona» puede querer romper con todos los aspectos de la relación, mientras que la persona que es «abandonada» puede querer renovar la relación y perseguir activamente al «que abandona». En todos estos ejemplos, queda claro que dos personas que están disolviendo un matrimonio tendrán necesidades diferentes en cuanto al acercamiento afectivo. Y, a menudo, esto lleva a un conflicto.

A menudo también hay disputas entre padres divorciados sobre las fronteras de poder. Las luchas por el poder se pueden producir sobre cualquier tema: económico, educación de los hijos, relación entre los excónyuges y relación entre cada cónyuge y su hijo. La renegociación de las relaciones de poder suelen ser menos difíciles que las de intimidad, en parte porque normalmente no existe el mismo grado de intensidad emocional y también porque el sistema legal a menudo resuelve los conflictos de poder.

En muchos aspectos la información que acabamos de mostrar te parecerá muy teórica. Sin embargo, a medida que intentes negociar ciertos temas con tu excónyuge, necesitarás pensar sobre cada una de tus necesidades en función del grado de intimidad en la relación en ese momento. ¿Quién es el «que abandona» y quién el «abandonado»? ¿Cuáles son los sentimientos que estás teniendo hacia tu excónyuge y qué piensas de sus sentimientos hacia ti? Comprender estos sentimientos te ayudará a identificar la relación actual que tienes con tu excónyuge y a empezar a redefinirla. También te ayudará a entender el fondo de algunas discusiones entre los dos, y quizás, a resolverlas.

Para volver a establecer vuestra relación y renegociar los límites correctamente, debes abandonar la necesidad de venganza. Tu objetivo debe ser construir una relación diferente en lugar de destruir la antigua. Para ayudar a las parejas que se están divorciando a pensar en la necesidad de definir una relación diferente, a menudo les pedimos que escriban lo que quieren para el futuro de sus hijos (por ejemplo, ¿cuáles son sus esperanzas y sueños para la vida de sus hijos?). Entonces, le mostramos a cada uno las respuestas. Normalmente sus respuestas son muy parecidas (éxito y felicidad para sus hijos tanto en el terreno profesional como en la vida) o se complementan unas con otras (ambos quieren buenas cosas para sus hijos). Después, les preguntamos a ambos padres cómo creen que debe ser su relación tras el divorcio para que sus hijos logren los objetivos que desean para ellos. A menudo las cualidades positivas de una relación tras el divorcio entre ambos padres son cosas como la cooperación, la amabilidad entre ambos padres y el respeto por la intimidad personal. Los límites de la intimidad tendrán que cambiar para que esos cambios en la relación tengan éxito. Puede ser muy difícil para ti pasar de una relación marital a una relación que implica intimidad personal. Es muy difícil romper los lazos afectivos con tu anterior cónyuge, pero debes trabajar por lograrlo para que tu relación tras el divorcio sea de apoyo, en lugar de destrucción, para tu hijo.

Muchos padres divorciados han tenido éxito al crear una relación nueva y diferente al considerarla como un tipo de relación de «trabajo». El objetivo de esta relación es centrarse en criar correctamente a sus hijos. Para desarrollar y mantener esta nueva relación, los límites tendrán que cambiar para que reflejen las reglas que marcan la mayoría de las relaciones entre gente de negocios. Los nuevos límites de privacidad admitirán interacciones interpersonales que se definen por la amabilidad, cortesía y pocas revelaciones de índole personal. Los nuevos límites de poder vendrán dados por acuerdos explícitos (por ejemplo, apoyo económico ordenado por un juez) y derechos de educación de los hijos.

La educación de los hijos es uno de los límites de poder que más dificultades causa a muchos padres divorciados. Independientemente de si es correcto o incorrecto, en la mayoría de las familias casadas un padre tiende a asumir el rol principal de padre. Tras el divorcio, puede ser muy difícil para ese padre aceptar que el otro haga cosas de distinta manera con sus hijos. Por tanto, el objetivo debe ser luchar por mantener los mismos hábitos tanto como sea posible. Pero recuerda que ninguno de los dos padres (casados o divorciados) va a actuar en todas las situaciones de la misma forma. Tras el divorcio, los padres van a tener que aceptar las diferencias en la educación (siempre y cuando no se les haga daño a los niños). Esto implica cambiar un límite de poder muy importante. Si has sido el padre encargado principalmente de criarlos, debes discutir estos temas con tu excónyuge y buscar un acuerdo (consulta la Estrategia nº 31, «Mantén siempre la misma disciplina»), pero ten cuidado de no insistir en que él lo haga de la manera que tú lo haces y no te dediques a supervisar su forma de criarlos. Debes cambiar este límite de poder y aceptar las diferencias que se producirán. Para la mayoría de los padres es muy difícil cambiar este límite y tener un menor control. Si para ti es difícil, trata de recordar que no existe una forma perfecta de criar o educar a los hijos (aunque tú pienses que la tuya es la más correcta).

Los niños a menudo llevan mejor de lo que los padres creen los distintos tipos de paternidad que existen en diferentes casas (y mucho mejor que estar expuestos a continuas peleas entre los padres por temas sobre la paternidad). Muchos niños aceptan y se adaptan a tales cambios sin ningún problema al haber estado con distintos cuidadores como profesores, niñeras y otros miembros de la familia. Todas estas personas han educado a tu hijo de distinta forma. De estas experiencias, los niños aprenden que los distintos cuidadores

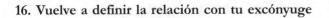
que hay en sus vidas interactúan de forma diferente y tienen diversas maneras de tratar su comportamiento. Incluso antes del divorcio el niño era probablemente consciente de las diferencias entre sus padres. Después del divorcio, puede adaptarse mejor a estos cambios puesto que cada padre está en una casa distinta (con distintas normas y expectativas). De igual forma que un niño aprende las normas y las expectativas de diferentes profesores en distintas clases, tu hijo aprenderá que sus dos padres también las tienen distintas. Aunque animamos a los padres a que exista la mayor igualdad posible entre ambas casas, somos conscientes de que siempre va a haber algunas diferencias. Es muy importante que tengas en cuenta que hay un tipo de igualdad del que tienes control absoluto, y es la educación día a día cuando el niño está contigo. Cuanto más consistente seas, tu hijo entenderá más fácilmente las reglas cuando esté contigo.

Recomendaciones:

- Examina tus sentimientos y emociones (positivos y negativos) hacia tu excónyuge.

- Lucha por distanciarte afectivamente de tu excónyuge.

- Separa tus sentimientos hacia tu excónyuge como pareja marital de los sentimientos hacia él como padre. Muchas personas que no son buenas en un área lo son en otra.

- Decide los límites de poder e intimidad que tú y tu excónyuge necesitáis cambiar para crear una relación que sea de apoyo en vuestro papel como padres.

- Centra tu energía en trabajar juntos en vuestra función de padres en beneficio de vuestro hijo.

- Desarrolla un plan de paternidad (consulta la Estrategia nº 26, «Desarrolla un plan de paternidad»). Dicho plan te ayuda a definir la manera de educar a vuestro hijo, y hasta cierto punto, la relación que tendréis entre vosotros dos. Cuanto más concreto sea vuestro plan y vuestros acuerdos sobre la custodia, menos probabilidades habrá de que vuestros sentimientos (positivos o negativos) interfieran en vuestra función como padres.

- Acepta que vas a tener una pérdida de poder sobre la vida de vuestro hijo. Esto se producirá tanto si tienes la custodia como si no. Lo que suceda en casa del otro padre está, en gran medida, más allá de tu control.

- A medida que redefines la relación con tu excónyuge, evita relacionarte sentimentalmente con él. Una situación muy común entre padres divorciados es tener algún encuentro amoroso ocasional. Esto puede producirse por diversos motivos, pero el resultado final es que difumina los límites de la intimidad existentes entre vosotros. A menos que estéis completamente dispuestos a reconciliaros, un encuentro amoroso sólo puede hacer daño, no ayudar.

Parte 4ª

Las visitas

17

Fomenta la relación con el padre que no tiene la custodia

Odiaba tanto a mi exesposo que hice todo lo posible por interferir y evitar que se relacionara con nuestros hijos. Muchos años después, me di cuenta del perjuicio que le había causado a nuestros hijos.

Gayle, cuarenta y cinco años, madre de tres niños.

Lamentablemente, muchos padres que no tienen la custodia no suelen relacionarse mucho con sus hijos tras el divorcio. Este caso se suele dar especialmente cuando el padre no tiene la custodia, lo que sucede con mucha frecuencia. Como regla general, a medida que pasa el tiempo tras el divorcio, el padre que no tiene la custodia se va distanciando cada vez más y se relaciona menos con su hijo. Es muy importante que el padre que no tiene la custodia siga teniendo contacto con su hijo tanto en el momento del divorcio como durante toda la vida. Si tienes la custodia de tu hijo, puedes tener disputas y distintos puntos de vista con tu excónyuge; sin embargo, esto no significa que tu hijo no deba relacionarse con su otro padre. Como ya hemos dicho anteriormente, un divorcio termina con un matrimonio no con una paternidad.

¿Por qué es importante que un padre que no tiene la custodia siga relacionándose con su hijo? Como más adelante indicaremos (consulta la Estrategia nº 18, «Asegura el contacto entre tu hijo y su otro padre»), la adaptación de vuestro hijo mejorará si el otro padre mantiene y consolida su relación con él aunque estén separados.

Hay otros motivos para fomentar las relaciones con el otro padre: si los padres que no tienen la custodia mantienen una relación con sus hijos, es más probable que realicen los pagos de manutención de menores. Estos pagos son muy importantes para tu hijo ya que pueden evitar acontecimientos, como un traslado, que pueden producir mayores problemas a la hora de adaptarse (consulta Estrategia nº 23, «Mantén los pagos de manutención de menores»).

Los excónyuges, en especial los padres, puede que necesiten estímulos para pasar tiempo con sus hijos. A menudo quieren hacerlo pero no saben qué papel adoptar tras el divorcio. Si tienes la custodia de tu hijo, tienes que asegurarte de hacerle ver a tu excónyuge que sigue desempeñando un papel muy importante en la vida de tu hijo.

Si tienes la custodia de tu hijo, ¿qué puedes hacer para que tu excónyuge se siga relacionando con tu hijo?

Recomendaciones:

- Mantén la menor hostilidad posible y la máxima cooperación entre vosotros dos para mejorar la relación de tu excónyuge con tu hijo.

- Somos conscientes de que es muy difícil cambiar los sentimientos que tienes hacia tu excónyuge. Si lo estás pasando mal tratando de cambiarlos, recuerda que lo que más influye en tu hijo no es cómo te sientas sino cómo actúes. Lo más importante es evitar expresar tus sentimientos negativos y controlar lo que dices y lo que haces delante de tu hijo.

- No critiques a tu excónyuge delante de tus hijos (consulta la Estrategia nº 15, «No critiques a tu excónyuge delante de tu hijo»). Esto puede dañar la relación y la percepción de tu hijo hacia su otro padre e incluso hacia ti.

17. Fomenta la relación con el padre que no tiene la custodia

- Anima a tu hijo a que realice actividades con su otro padre: ir al cine o a algún acontecimiento especial, o cualquier otra actividad que vaya más allá de las visitas habituales.

- Anímale a que lo llame, le escriba cartas o correos electrónicos, sobre todo si vive lejos. Internet ofrece a los hijos otras oportunidades de relacionarse con los padres que viven lejos. Padres e hijos pueden jugar juntos gracias a Internet. Aunque todavía muchos padres e hijos no tienen Internet, cada vez es menos caro y se usa más. Muchas instalaciones públicas como las bibliotecas ofrecen acceso gratuito a Internet.

- Anima a tu hijo a que haga cosas, como manualidades o fotografías, y se las muestre o se las dé a su otro padre.

- Guarda en una carpeta información para compartirla con el otro padre: notas, trabajo del colegio, calendario escolar, programa de actividades, fotografías y vídeos. Puedes darle estas cosas (o una copia) al otro padre. Al mantenerlo informado regularmente puede hacerle sentir más cerca y, por lo tanto, estará más dispuesto a seguir relacionándose.

- Habla también con tu excónyuge sobre las cosas buenas, no solamente sobre los problemas, de tu hijo y sobre la educación que le estáis dando.

- Haz que el intercambio del niño de una casa a otra se haga sin problemas (consulta la Estrategia nº 19, «Intercambio del niño sin problemas»). Si pones de tu parte todo lo necesario para que no haya complicaciones, tu excónyuge no rehuirá las visitas para evitar conflictos o problemas contigo.

- Invita a tu excónyuge a los acontecimientos especiales de tu hijo: cumpleaños, actividades deportivas y vacaciones. Al hacerlo, sentirá que todavía desempeña un papel importante en la vida de su hijo.

- Ayuda a tu hijo a elegir tarjetas o regalos para el cumpleaños y ocasiones especiales de su otro padre (Día de la Madre, Día del Padre, Navidad, etc.)

- Comunica a tu excónyuge que aprecias mucho su función de padre.

18

Asegura el contacto entre tu hijo y su otro padre

Recuerdo que no le decía a mi madre lo que
me dolía cada vez que mi padre tenía que
cancelar la visita del fin de semana. Si se lo hubiera
dicho, se habría enfadado aún más con mi padre. Me
subía a mi habitación y lloraba hasta que me dormía.

Abby, diecisiete años.

Si un padre va a seguir manteniendo una relación significativa con su hijo tras el divorcio, el padre y el hijo deben mantener constantes relaciones entre ellos.

Por desgracia, como sugieren las encuestas realizadas, muchos padres que no tienen la custodia mantienen sólo una mínima relación con sus hijos. Por ejemplo, Susan D. Stewart de la Universidad Estatal de Bowling Green ha descubierto en una encuesta que sólo un tercio de los padres que no tienen la custodia ven a sus hijos al menos una vez por semana y sólo un 37 por ciento se relaciona por carta o teléfono al menos una vez por semana. Además, más de un quinto de los padres no han visto a sus hijos ni se han relacionado por carta o teléfono durante el último año.

¿Es bueno para un niño tener relaciones frecuentes con el padre que no tiene la custodia? Si se tiene en cuenta la adaptación psicológica del niño, un análisis del estudio realizado por Paul Amato y Joan Gillbreth de la Universidad del Estado de Pensilvania indica que la respuesta es un débil «sí». Si se contrasta con otros estudios, está claro que la relación entre un hijo y el padre que no tiene la custodia es muy importante.

Primero, como Frank Furstenberg y Christine Nord de la Universidad de Pensilvania descubrieron, la mayoría de los niños consideran que el padre que no tiene la custodia es muy importante en sus vidas. Esta es una información esencial que no debe ser ignorada por los padres divorciados.

Segundo, el análisis realizado por Paul Amato y Joan Gillbreth indica que en familias divorciadas, los hijos normalmente se adaptan mejor cuando tienen una relación positiva con ambos padres. Y, como Mary F. Whiteside del *Ann Arbor Center for the Family* descubrió en su investigación, cuanto mayor sea la frecuencia de visitas entre el padre que no tiene la custodia y su hijo, mejor será la relación.

Tercero, si tienes la custodia de tu hijo, seamos claros, necesitas ayuda. Las visitas de tu hijo a su otro padre te permiten tener algún tiempo libre (para organizarte, finalizar algunas tareas o quizás incluso relajarte). Cuarto, como ya indicamos anteriormente (consulta la Estrategia nº 17, «Fomenta la relación con el padre que no tiene la custodia»), cuanto más frecuentes sean las relaciones con el padre que no tiene la custodia, más probabilidades habrá de que los pagos de manutención de menores se hagan de forma regular, lo cual es a su vez muy importante.

Si se toman todos estos aspectos en conjunto, las pruebas sugieren que las relaciones frecuentes con el padre que no tiene la custodia son beneficiosas para los niños. Por supuesto, hay excepciones. Existen algunas circunstancias en las que una relación frecuente puede ser todo menos beneficiosa para los niños.

Antes de que leas las cuatro circunstancias siguientes, es importante recordar que esto no significa que las visitas no se deban realizar; lo que queremos decir es que estas circunstancias deben tenerse en cuenta para que las visitas puedan ser más agradables y beneficiosas para un niño.

1. Las relaciones frecuentes entre el padre que no tiene la custodia y un hijo normalmente implican mayor intercambio entre tú y tu excónyuge. Por tanto, si ambos tenéis discusiones muy acaloradas delante de vuestro hijo con respecto a las visitas o cuando quedáis para que vuestro hijo se vaya con el otro padre, puede ser muy perjudicial.

2. Las relaciones irregulares, como visitas que no se producen cuando estaban programadas, pueden tener un efecto negativo en los hijos. Un niño necesita hábitos regulares. Puede que considere las visitas canceladas como que el padre no lo quiere o no se preocupa por él.

3. Puede ser muy perjudicial para el niño ser forzado a pasar largos períodos de tiempo con el padre que no tiene la custodia, si la relación existente entre ambos es muy conflictiva. Como indicamos anteriormente, las relaciones son muy importantes, puesto que permiten construir una relación positiva entre un hijo y su padre; sin embargo, si la relación no es positiva, pasar largos períodos juntos puede tener el efecto contrario.

4. Se debe limitar el tiempo de permanencia con el padre que no tiene la custodia si éste es irresponsable, incompetente o se encuentra perturbado mentalmente. Sin embargo, si tienes la custodia, recuerda que puedes tener sentimientos hostiles que pueden influir en la percepción hacia tu excónyuge. Es muy probable que no sea tan malo como tú crees. Además, sólo porque no haya sido buena pareja no significa que no vaya a ser un buen padre. Recuerda que tú decidiste casarte y tener un hijo con tu excónyuge; por lo tanto, no será tan malo, ¿no?

La frecuencia de visitas adecuada entre un hijo y el padre que no tiene la custodia depende de varias cosas, dos de las cuales son el sexo y la edad del niño. Un padre que no tiene la custodia y su hijo del mismo sexo pueden haber desarrollado unos lazos alrededor de ciertas actividades específicas de su sexo.

Por ejemplo, un padre que ha estado entrenando regularmente a su hijo al fútbol puede pasar más tiempo con él por esta actividad. Por supuesto, los lazos padre-hijo alrededor de las actividades no tienen que ser específicas del sexo. Las madres pueden entrenar con sus hijos y los padres con sus hijas.

La edad del niño es un aspecto más importante a la hora de tener en cuenta las relaciones entre el hijo y el padre que no tiene la custodia. A medida que los niños crecen, los amigos cada vez son más importantes, sobre todo durante la adolescencia. Durante esta época, los adolescentes pasan menos tiempo con sus padres y más con sus amigos. Separar a un adolescente, o en algunos casos a niños más pequeños, de sus amigos cada fin de semana puede ser difícil para todos y nada beneficioso para ninguno. Con los adolescentes es necesario ser creativo y flexible al tener en cuenta la relación con el padre que no tiene la custodia.

¿Cómo pueden establecer los padres divorciados la cantidad de tiempo correcta entre un niño y el padre que no tiene la custodia? Primero, los acuerdos legales de tu divorcio probablemente establecerán el tiempo que tu hijo debe pasar con el otro padre. En una situación ideal, el acuerdo lo negociaréis (o se habrá negociado) y estaréis de acuerdo tú, tu excónyuge y vuestro hijo. Si fuera necesario, acude a un mediador para que os ayude a llegar a un acuerdo aceptable para todos (consulta la Estrategia n° 5, «Evita las disputas por la custodia: dialoga»). Segundo, con niños pequeños, inicialmente es mejor realizar muchas visitas cortas que visitas prolongadas. Con niños mayores, deja que opinen algo en cuanto a las horas de visitas. El lema principal que se debe seguir es: «¿Qué es lo mejor para tu hijo?». Tercero (y esto puede ser muy difícil) colabora con tu excónyuge y tu hijo. Ten en cuenta sus necesidades, al igual que las tuyas, al establecer las visitas. Crea un calendario, pero que sea flexible. Sé tolerante para poder incluir las actividades de tu hijo. No lo apartes, mientras patalea y chilla, de las actividades importantes para ir a una visita.

18. Asegura el contacto entre tu hijo y su otro padre

A continuación se muestran algunos aspectos importantes adicionales en relación a las visitas al padre que no tiene la custodia:

- Si tú tienes la custodia, no castigues a tu excónyuge evitando que se relacione con tu hijo. A quien más daño le estás haciendo es a tu propio hijo.

- Si no tienes la custodia de tu hijo, centra tus relaciones en la calidad tanto como en la cantidad. Calidad no significa que seas un padre «divertido», sino que trabajes por construir una relación positiva con tu hijo (consulta la Estrategia n° 27, «Alimenta la relación con tu hijo»). Esto implica realizar actividades juntos, ser positivo con tu hijo y tener reglas claras que aplicar con lógica. Con niños mayores o adolescentes, puede ser bueno involucrar a sus amigos en algunas de estas actividades. Por supuesto, todo esto resulta más difícil cuando se tienen varios hijos de distintas edades y sexo o que tienen diferentes gustos.

- Si no tienes la custodia de tu hijo y la relación con él es normalmente negativa en estos momentos, ve despacio. Pasa cortos períodos de tiempo con tu hijo y haz que sean agradables. Poco a poco, con tu esfuerzo, la relación mejorará.

- Si no tienes la custodia de tu hijo y la relación con tu hijo es buena, puede ser muy beneficioso pasar largos períodos juntos. Estos períodos te permitirán establecer hábitos regulares en los que tu hijo forme parte de tu vida en lugar de ser una simple visita en tu casa.

- Si no tienes la custodia de tu hijo y, en especial, si vives lejos, existen otras formas de mantener el contacto sin estar físicamente juntos. Como ya hemos indicado anteriormente (consulta la Estrategia n° 17, «Fomenta la relación con el padre que no tiene la custodia»), puedes llamar por teléfono, escribir cartas y, en la era de los ordenadores, enviar correos electrónicos a tu hijo.

19

Intercambio del niño sin problemas

Mis padres siempre se estaban contradiciendo cuando mi padre venía a buscarme. Siempre discutían sobre algo o eran crueles entre ellos.

Erika, catorce años.

Como ya hemos destacado, es muy importante para tu hijo tener relaciones frecuentes con su otro padre. Esto significa que, con toda probabilidad, tú y tu excónyuge tendréis que relacionaros cuando vuestro hijo cambie de la casa de un padre a la del otro. Este período de cambio puede ser difícil para ambos y también para vuestro hijo.

Janet R. Johnston y sus colegas del Hospital Infantil de San Francisco han descubierto que la mayoría de los niños sufren angustia cuando se produce el cambio de un padre a otro.

Esta angustia se manifestaba de las siguientes maneras: introversión, apren-sión, dolores físicos (por ejemplo, dolor de estómago, dolores de cabeza, náuseas), agresividad y actuar como un niño chico. Obviamente, cuando el niño muestra tales síntomas durante el cambio de una casa a la otra, está indicando que es un momento difícil para él.

19. Intercambio del niño sin problemas

¿Por qué tienen los niños dificultades al cambiar de la casa de un padre a la del otro? La principal respuesta es que, cuando los padres tienen constantes peleas entre ellos, los hijos muestran más problemas. Piénsalo por un momento: tú y tu excónyuge tendréis que relacionaros cuando vuestro hijo cambie de la casa de un padre a la del otro. Por lo tanto, vuestro hijo sólo os ve juntos en estos momentos. Si os pasáis estos momentos discutiendo sobre las visitas y el dinero, pronto se dará cuenta de que cada vez que se tenga que cambiar de casa vosotros vais a empezar a discutir. Por lo tanto, no es extraño que muestre síntomas de angustia.

Otro motivo que puede ser difícil para tu hijo es el cambio que se produce al mudarse de una casa a otra. Siempre habrá diferencias incluso aunque los padres se esfuercen por mantener las cosas de igual forma en una casa y en la otra. A veces a los niños les lleva un tiempo adaptarse a los distintos estilos, reglas y costumbres de los padres. Muchos niños tienen verdaderas dificultades cuando vuelven tras pasar un fin de semana en casa del otro padre. Estas dificultades se conocen como «problemas de reentrada». El cambio en este momento es incluso más difícil al tener que volver el niño a la realidad de la vida cotidiana (por ejemplo, las clases) después de un tiempo relativamente distinto tras el fin de semana.

El niño también puede tener problemas con los cambios debido a las incertidumbres. Si tu hijo, en especial si es pequeño, no está seguro de cuándo estará con cada padre, cuánto tiempo estará con ese padre y en concreto cuándo y dónde irán a buscarlo cuando vaya a estar con el otro padre, se sentirá angustiado y nervioso. Asegúrate de decirle a tu hijo, con claridad, todos los detalles del calendario de visitas.

Como Mary Elizabeth Curtner-Smith de la Universidad de Alabama ha señalado, los lugares en los que se produzca el cambio deben venir determinados primero, por las necesidades del niño y, segundo, por las preferencias vuestras como padres. Si tú y tu excónyuge cada vez que os veis tenéis discusiones bastante acaloradas, sería más conveniente que el cambio lo realizarais en un sitio público en el que probablemente no perdáis tanto los nervios. Si consideras imposible veros sin tener una discusión, entonces debéis plantearos realizar el cambio en un lugar en el que no tengáis que encontraros. Por ejemplo, uno de los dos puede dejar a vuestro hijo en casa de los abuelos o en una actividad extraescolar y el otro puede ir a buscarlo allí.

Recomendaciones:

- Haz un calendario de visitas mensual, teniendo en cuenta las vacaciones, las fiestas y las fechas importantes (consulta la Estrategia n° 20, «Organizar cumpleaños, vacaciones y fechas importantes»). Cada padre debe tener una copia de este calendario para evitar malentendidos cuando se produzcan las visitas.

- Confirma con tu excónyuge cuándo y dónde se va a realizar el cambio.

- Habla con tu hijo sobre cuándo y dónde se va a realizar el cambio (por ejemplo, «Tu padre va a venir a buscarte el viernes a las 6:00 p.m.»). También, indícale con toda claridad el tiempo que va a estar con el otro padre (por ejemplo, «Iré a buscarte a casa de tu padre el domingo a las 5:00 p.m.»).

- Comunica a tu hijo con antelación cuándo va a estar con el otro padre. Ten preparadas todas las cosas que se va a llevar.

- Si tu hijo necesita llevar algo especial con él a casa del otro padre, díselo de antemano al otro padre.

- Habla con tu excónyuge con antelación sobre los posibles cambios que se puedan producir en el calendario de visitas.

- Ten en cuenta que el calendario de visitas puede cambiar debido a las actividades de tu hijo. No intentes resolver estos cambios delante de tu hijo en un intercambio de un padre a otro.

- No hagas a tu hijo responsable de la realización, cancelación o cambios que se puedan producir en el calendario de visitas. Esa es una responsabilidad tuya y de tu excónyuge.

19. Intercambio del niño sin problemas

- No llegues tarde ni faltes al intercambio. Si esto se produce con frecuencia, hay muchas posibilidades de que tu hijo crea que no te preocupas por él.

- Trata los temas que necesitas resolver con tu excónyuge en otro momento distinto al intercambio de tu hijo de una casa a otra.

- Recuerda, no utilices a tu hijo para transmitir mensajes a tu excónyuge aprovechando el intercambio.

20

Organizar cumpleaños, vacaciones y fechas importantes

Mis padres siempre venían a mi fiesta de cumpleaños.
Probablemente era muy difícil para ellos, pero realmente
significaba mucho para mí.

Ryan, diecisiete años.

Como ya hemos indicado con anterioridad, cuando realizas con tu excónyuge el calendario para ver el tiempo que cada uno pasa con vuestro hijo, necesitas tener en cuenta los cumpleaños, las vacaciones y las fechas importantes. ¿Cómo distribuiréis estas fechas importantes? Por desgracia, no existe una fórmula mágica que funcione para estas ocasiones. Se tendrán que tener en cuenta muchos factores como cuáles son las fechas más significativas para tu familia, la distancia existente entre las casas de los padres y la imparcialidad. Al establecer el calendario, trata de ponerte en la piel de tu excónyuge y piensa en lo que será justo desde su punto de vista (¡sé honesto contigo mismo!).

Existen más fiestas y fechas especiales de las que en un principio crees. El siguiente recuadro muestra algunas fiestas que tienes que tener en cuenta. Obviamente, dependiendo de tus creencias religiosas, de tu cultura y del lugar donde vivas, algunas de éstas pueden no ser fiestas u ocasiones que tú celebrarías. Independientemente de esto, la lista te da una idea de algunos de los días que tienes que tener en cuenta. Puede haber otros.

Algunas fiestas y ocasiones especiales

Nochevieja	Día del trabajo
Día de año nuevo	Reyes Magos
Pascua judía	Día de la Constitución
Día de año nuevo chino	Día de la Hispanidad/de las Razas
San Valentín	Hallowen
Vacaciones escolares	Día de Acción de Gracias
Ferias locales	Nochebuena
Viernes Santo	Navidad
Semana Santa	Cumpleaños de la madre
Semana blanca	Cumpleaños del padre
Día de la Madre	Cumpleaños del niño
Día del Padre	Cumpleaños de los hermanos
Día de la Independencia	Cumpleaños de los abuelos

Debes tener en cuenta estas fiestas en tu calendario mensual. A continuación te indicamos algunas opciones que tienes. Tu hijo puede pasar una parte de las vacaciones contigo y la otra con su otro padre. O puedes hacer rotaciones y que un año pase las vacaciones contigo y el siguiente, con el otro padre. O puede pasar unas fiestas contigo y otras con tu excónyuge. O, lo creas o no, puede haber ciertas fiestas o fechas especiales, que ambos queráis celebrar con vuestro hijo. Si eres capaz de colaborar con tu excónyuge pasando determinadas fechas, como el cumpleaños de vuestro hijo, juntos con él puedes transmitirle un mensaje positivo. Obviamente, hay otras opciones y depende de vosotros dos decidir cuál es la mejor para vuestro hijo y para vosotros. Las decisiones más difíciles tendrán que ver con esas fechas que tienen un significado mayor para ti y para vuestro hijo.

Las opiniones de los hijos, en particular de niños mayores o adolescentes, deben tenerse muy en cuenta. Sin embargo, es importante señalar que los niños (como muchos adultos) a menudo tienen puntos de vistas y expectativas nada realistas sobre las vacaciones. Por ejemplo, puede que quiera que los tres paséis las vacaciones juntos. Dependiendo de la relación que tengas con tu excónyuge, esto puede ser posible o no.

Recomendaciones:

- Decidid cuál de los dos desea pasar ciertas fiestas con vuestros hijos: divide el tiempo, rota unas vacaciones o rota de un año a otro.

- Sé flexible y antepón el interés de vuestro hijo.

- Establece horas para llamadas telefónicas que realizará el otro padre cuando vuestro hijo pase las vacaciones contigo.

- Decide el calendario de vacaciones con bastante antelación, en especial si hay planes de viaje.

- Habla con tu excónyuge sobre los regalos que pensáis hacerle a vuestro hijo para evitar comprarle las mismas cosas.

- Ten en cuenta que puede ser duro para ti pasar algunas fiestas (como su cumpleaños o las Navidades) sin tu hijo. Si no va a estar contigo y sabes que puedes sentirte mal, asegúrate de hacer planes para ocupar el tiempo.

Parte 5ª

La paternidad dividida:
Instrucciones generales

21

Cambia la forma que tienes de pensar en tu hijo

Estaba convencida de que mi hijo estaba condenado a tener una vida llena de problemas psicológicos por culpa de mi divorcio.

Debby, treinta y un años, madre de un niño.

Cuando estés con tu hijo, probablemente sentirás muchas emociones y pensarás mucho sobre su comportamiento. Algunos sentimientos serán buenos, otros no tanto. Muchos padres creen que estos sentimientos y emociones son producto del comportamiento de sus hijos. Un ejemplo: imagina que tu hijo se enrabieta en una tienda y tú te enojas. Puede que llegues a la conclusión de que la rabieta ha sido la que ha provocado que te enojaras. Sin embargo, la pataleta de tu hijo no provoca directamente tu enfado; más bien, es la forma que tienes de ver la rabieta la que determina si te enojas o no. Por ejemplo, puedes ver a tu niño como «malo» por enrabietarse; esto puede provocar que tú te enfades y empieces a gritarle. O puedes pensar que tu hijo está teniendo una rabieta porque se siente disgustado por vuestro divorcio y, como resultado, te sientes culpable y no haces nada para detener su sofocón porque te sientes responsable. Un tercer punto de vista, más realista, es que tenga esta rabieta porque está cansado. En este caso, lo más probable es que no te enfades y que decidas acallar su berrinche llevándole a casa para que descanse.

En algunas ocasiones, los padres al estar pasando por momentos difíciles durante su divorcio tienden a pensar que el comportamiento de sus hijos viene provocado por su divorcio. Algunos ejemplos son:

«Realmente hemos metido a nuestro hijo en un lío con el divorcio».

«Mi hijo nunca se comportaba así antes del divorcio».

«Desde el divorcio es horrible (mi hijo se comporta tan mal)».

«Mi hijo se comporta de esta forma porque me culpa del divorcio».

«Siempre tengo que enfadarme para corregir el comportamiento de mi hijo, en especial desde el divorcio».

«Soy un mal padre debido al divorcio».

Cuando los padres empiezan a pensar de esta forma, se acaban enfadando. Son sus propias creencias las que hacen que se enfaden, más que el comportamiento de su hijo. Estas creencias son la forma habitual que tiene una persona de pensar o interpretar lo que está sucediendo, en este caso, el comportamiento de su hijo. Un ejemplo de estas creencias es el pensamiento completamente negativo que se produce cuando empiezas a pensar de forma completamente negativa sobre algo (normalmente implica el uso de palabras como siempre o nunca). Muchos padres empiezan a pensar así debido al estrés que produce el divorcio. Pero seamos realistas: todos los niños se van a comportar mal en algún momento y no tendrá nada que ver con el divorcio. Por lo tanto, cuando tu hijo se porta mal no es algo terrible o extraño, a menos que te convenzas de lo contrario. Esto no quiere decir que aceptes su comportamiento. Sin embargo, debes tener una perspectiva realista sobre su conducta y debes evitar pensar de forma negativa. Intenta suprimir tus pensamientos negativos por otros más realistas.

Muchos padres propensos a tener pensamientos negativos han encontrado útil empezar a repetirse a sí mismos pensamientos más realistas y positivos cuando sus hijos se comportan mal.

21. Cambia la forma que tienes de pensar en tu hijo

A continuación se indican algunos ejemplos:

«No soy un mal padre porque esté divorciado».

«El comportamiento negativo de mi hijo no tiene por qué estar relacionado con mi divorcio».

«Mi hijo se portará mal algunas veces aunque conozca las normas».

«Es poco agradable e irritante cada vez que mi hijo se comporta mal, pero no es horrible».

Estos pensamientos realistas ayudan a evitar pensar negativamente. Al principio no será fácil forzarte a pensar de forma más realista. Sin embargo, con la práctica, será más natural y te ayudará a tener una visión más positiva de tu hijo.

22

Prepárate para las comparaciones

Siempre me decía que su padre le dejaba hacer esto o aquello.
Me ponía tan furiosa.

Sylvia, treinta y dos años, madre de una niña.

Todos los niños van a poner a prueba los límites. De hecho, la mayoría de nosotros lo hacemos cada día. ¿Siempre respetas el límite de velocidad cuando conduces? Si eres como la mayoría de las personas, probablemente conduzcas a veces por encima de este límite. De hecho, la velocidad media de los coches en la autopista está siempre un par de kilómetros por encima del límite establecido. La gente conduce por encima del límite porque piensan que no les pueden multar (y en la mayoría de las ocasiones es así). Sin embargo, si existiera un sistema por el cual cada vez que un conductor superara el límite de velocidad se le pusiera una multa, la gente no correría. La conclusión es que la gente va a poner a prueba los límites si piensan que pueden salirse con la suya.

Tras el divorcio, los niños a menudo ponen a prueba los límites porque saben que pueden conseguir lo que buscan. ¿Por qué es así? Un motivo es que al haber menos comunicación entre los padres, los niños saben que tienen más posibilidades de enfrentarlos. Muchos padres se ven envueltos en una lucha por conseguir el afecto de sus hijos y no quieren ser vistos como el padre «malo», por lo que dan su consentimiento. Sabrás que tu hijo está intentando enfrentaros cuando oigas frases como éstas:

«Papá me deja quedarme levantado hasta las 11:00 p.m.»

«Mamá me deja ver películas para mayores».

«Mamá dice que no tengo que estudiar este fin de semana».

«Pero papá me deja hacerlo».

Es importante darse cuenta de que el hecho de que vuestro hijo esté intentando enfrentaros no quiere decir que siempre tenga que conseguir lo que busca. ¿Por qué tu hijo continúa haciendo esto si a menudo no funciona? Desde el punto de vista de un niño, solamente necesita pensar que existe una posibilidad de que esa vez funcione. En cierto modo, es un juego de probabilidades. Para aclarar este punto, tomemos como ejemplo un casino. La gente sigue echando monedas en las máquinas tragaperras aunque saben que no van a obtener dinero cada vez que introducen una moneda. Sin embargo, piensan que quizás la próxima vez que introduzcan una tendrán el premio gordo. Si estas máquinas estuvieran programadas para que nunca tocara, la gente dejaría de jugar en ellas (y los casinos cerrarían). Pero los dueños de los casinos son muy listos, programan las máquinas para que den el dinero suficiente para que la gente siga jugando. Volvamos a lo que esto significa en relación a tu hijo y su intención de ponerte en contra de tu excónyuge. El resumen es que si algunas veces funciona, puede ser suficiente para que tu hijo siga intentándolo.

Recomendaciones:

- Cuando tu hijo te diga que su otro padre le deja hacer cosas que tú no le dejas, indícale claramente que cuanto esté contigo, tiene que seguir tus normas.

● Recuerda que los hijos a menudo suelen exagerar las cosas. «Papá *siempre* me deja quedarme levantado hasta tarde» puede significar que ha sucedido alguna vez. Debes ser consciente de esto. No discutas con tu hijo sobre esto ni te enfades con tu excónyuge. En su lugar, como ya hemos indicado, haz cumplir tus propias normas.

● Habla con tu excónyuge sobre las situaciones en las que crees que tu hijo os está enfrentando. No trates el tema de manera acusadora, más bien pregunta para que se aclare la situación. Puedes descubrir que la frase «mamá me deja ver películas para mayores» en realidad significa que tu hijo vio una vez durante cinco minutos este tipo de películas.

23

Mantén los pagos de manutención de menores

Siempre venía con alguna excusa sobre
por qué no podía enviar el dinero.
Jackie, treinta y cinco años, madre de cuatro niños.

Una función importante del padre que no tiene la custodia, normalmente el padre, en la vida de su hijo es realizar los pagos de manutención de menores. Cuando estos pagos se realizan, el nivel de vida estándar de un hijo es más probable que se mantenga y, como Paul Amato de la Universidad del Estado de Pensilvania ha señalado, también es más probable que se mantenga la salud del niño, los progresos en el colegio y un bienestar general. Piensa en esto un momento: justo después del divorcio se produce normalmente una disminución importante en el estándar de vida del padre que tiene la custodia y de su hijo. El pago de la manutención de menores puede ayudar a compensar en cierta medida esta disminución. Si la falta de dinero provoca el traslado, la disminución de actividades extraescolares, el cambio de colegio y la pérdida de amigos, puede producirse una espiral de efectos negativos sobre tu hijo.

Por desgracia, como I-Fen Lin de la Universidad de Princeton ha señalado, sólo la mitad de las madres que tiene la custodia posee una sentencia que exige un pago de manutención y sólo un cuarto de las madres recibe la cantidad total del pago que se ha establecido. ¿Cuáles son las razones por las que los padres no realizan el pago de manutención de menores? Se han identificado como factores importantes la solvencia del padre y que éste considere la cantidad a pagar como justa. Por desgracia, la mitad de los padres que no tienen la custodia consideran que la cantidad a pagar por la manutención no es justa.

Tienes que ser consciente de que el dinero tiene unos matices emocionales enormes y los temas económicos pueden hacer florecer lo peor de la gente. Si el dinero fue un gran problema durante tu matrimonio, puedes estar seguro de que probablemente será un problema aún mayor en tu divorcio. El no pagar la manutención no está limitado a los padres que no tienen la custodia. Los padres que tienen la custodia tienen menos probabilidades que las madres que la tienen de recibir el pago de la manutención de menores de sus excónyuges. Si eres el padre que no tiene la custodia, debes separar tus sentimientos negativos hacia tu excónyuge de las necesidades de tu hijo. Debes convencerte de que los pagos de manutención son muy importantes para tu hijo y comprometerte a realizarlos según lo estipulado.

¿Durante cuánto tiempo se debe realizar este pago? No es una pregunta fácil de responder y dependerá en gran medida del país en el que vivas. En Norteamérica, algunos estados, como Massachussets y Wisconsin, exigen pagos bastante más elevados que otros. El Distrito de Columbia y otros estados, como Mississippi y Carolina del Sur, son los que menos cantidad exigen. Si es posible, tú y tu excónyuge debéis establecer la cantidad que consideréis, más o menos, justa. Si no podéis, busca a un mediador para que te ayude a llegar a un acuerdo. Si los dos o junto con un mediador no podéis llegar a un acuerdo sobre la cantidad, un juez lo hará por vosotros. Normalmente, esta no es la mejor opción ni para ti ni para tu excónyuge, puesto que estáis renunciando a todo el control. Además tendréis que pagar más tasas legales y estarás ayudando a pagar la casa de tu abogado en lugar de la tuya.

Los estados también tienen distintas formas de asegurar que se realizan los pagos de manutención de menores. En general, las reformas de la legislación realizadas en los últimos años se han centrado en asegurar que los padres que no tienen la custodia realicen los pagos de manutención y en proporcionar

23. Mantén los pagos de manutención de menores

al gobierno nuevos métodos para asegurar que los pagos se realizan. Recuerda que es ilegal no pagar la manutención de menores. La sección de recursos contiene información sobre los medios para ayudarte a conseguir ayuda para tu hijo cuando no estás recibiendo los pagos de manutención de manera regular.

Como se ha indicado, los pagos de manutención de menores son muy importantes para mejorar la adaptación y la vida de tu hijo. Recomendaciones:

- Considera los pagos de manutención de menores como un beneficio para tu hijo, no para tu excónyuge.

- Intenta llegar a un acuerdo que sea aceptable para ambas partes sobre el pago de manutención de menores.

- Busca la ayuda de un mediador si tú y tu excónyuge no llegáis a un acuerdo.

- Si eres el padre que no tiene la custodia, comprométete a realizar los pagos acordados sobre la manutención de forma regular y puntual.

- Si tienes la custodia, no hagas planes para el futuro pensando que los pagos de manutención se van a realizar siempre de una manera constante. ¿Qué sucederá si tu excónyuge pierde su trabajo o se pone enfermo? Debes ser flexible si surgen tales problemas. Haz planes para reducir gastos o incrementar los ingresos si por algún motivo tu excónyuge no puede, o no hace, los pagos de manutención de menores.

- Si no tienes la custodia, no niegues los pagos como castigo hacia tu excónyuge. A quien realmente estás castigando es a tu propio hijo.

- Si tienes la custodia, no impidas que tu hijo se relacione con tu excónyuge por no realizar el pago de la manutención. De esta forma, estás castigando aún más a tu hijo. Recuerda el dicho: «No se subsana un error cometiendo otro».

24

Minimiza los cambios

La peor parte del divorcio de mis padres
fue tener que mudarnos a otra ciudad
en la que no conocía a nadie.

Caroline, quince años.

Los niños normalmente funcionan mejor si en sus vidas hay rutina y estabilidad. Por desgracia, el divorcio de los padres normalmente conduce a cambios importantes que crean una inestabilidad en la vida de los niños. Dichos cambios van asociados a un sentimiento de inseguridad y, para algunos niños, esta inseguridad provoca sentimientos de miedo, ansiedad y, en algunos casos, depresión.

Profundicemos un poco más en los cambios en la vida de los niños. La mayoría de las decisiones importantes que afectan directamente a los niños, especialmente a los pequeños, las toman los adultos. Algunos ejemplos son la decisión de los padres de divorciarse, dónde va a vivir la familia y con quién salen los padres o si se vuelven a casar tras el divorcio. Al tener tan poco control sobre estas decisiones tan importantes, los niños confían en las rutinas diarias y buscan una estabilidad y seguridad en sus vidas. Cuando los padres se divorcian, los niños normalmente experimentan inseguridad e incertidumbre que empeora si se producen muchas modificaciones en la rutina diaria. Por lo tanto, es importante que los padres sean totalmente conscientes de dichos cambios.

Los cambios en la rutina diaria que se producen tras el divorcio son reconocidos rápidamente por los niños y pueden tener consecuencias inmediatas. Algunos niños pueden reaccionar retrayéndose y otros actuando de manera totalmente opuesta. En ambos casos, el niño está indicando que se ha comprometido la seguridad que tenía en su vida diaria.

Veamos algunos cambios que pueden producirse con el divorcio de los padres. Primero, pensemos en las rutinas de tu casa. Para muchos padres divorciados, las actividades familiares rutinarias (comidas, tareas, horario de acostarse) son menos constantes. Un niño nos dio este ejemplo: «Toda mi familia cenaba junta cuando mi padre llegaba de trabajar. Ahora, mi madre trabaja por la noche y todos nos hacemos nuestra propia la cena y cenamos cuando queremos». En las familias se producen multitud de cambios que, cuando se combinan, pueden provocar más problemas en los hijos a la hora de adaptarse al divorcio.

Veamos otro ejemplo que a menudo se produce tras el divorcio. Debido a las tensiones relacionadas con el divorcio, muchos padres ya no tienen el tiempo o la energía que tenían antes para supervisar si los hijos terminan los deberes. Establecer una hora para las tareas (por ejemplo, antes de la cena) en muchas ocasiones tiene que cancelarse debido a que el padre tiene que realizar otras tareas. Al realizarse los deberes a distintas horas, el padre probablemente los supervise con menos ganas y no les ayude a hacerlos cuando sea necesario. Estos cambios en la rutina afectarán claramente a la evolución del niño en el colegio.

Algunas veces no nos damos cuenta de la importancia que ciertos cambios tienen para nuestros niños. En la Introducción indicábamos los diez sucesos más estresantes asociados con el divorcio de los padres. Uno de ellos era tener que dar a su mascota. Puesto que muchos niños consideran a sus mascotas como amigos o compañeros, se puede entender fácilmente por qué es muy estresante tener que darlas. Por desgracia, el divorcio puede significar mudarse a un lugar en el que no acepten mascotas o puede producir presiones económicas que obliguen al niño a no poder seguir teniéndolas. La pérdida de una mascota puede ser algo muy difícil para el niño, pero cuando éste tiene que hacer frente al divorcio de sus padres, puede ser aún más doloroso. Como Jennifer nos comentaba: «Cuando mis padres se divorciaron yo tenía cuatro años. Todo lo que puedo recordar es que estaba muy enfadada porque no podía entender por qué mi padre se quedaba con el perro, en lugar de mi madre y yo».

Consideremos ahora las rutinas que tienen lugar fuera de la casa tras el divorcio de los padres. Para muchos niños, la asistencia al centro de educación infantil, a la iglesia y a otras actividades de ese tipo pueden ser más irregulares debido al estrés y a las necesidades de la familia. Cuando esto sucede, puede que el niño ponga más resistencia a asistir a estas actividades. Puesto que los padres ya tienen bastante estrés, puede que cedan a esta resistencia y con el tiempo la asistencia a estas actividades sea cada vez menos frecuente.

Se producen otros cambios entre los adolescentes y su grupo. Por ejemplo, tras el divorcio hay menos dinero para las actividades de los niños. Por tanto, puede verse privado de las actividades que realiza normalmente con sus amigos porque ya no tiene dinero para ir al cine o a otros lugares con ellos. Este cambio, en especial para los adolescentes, puede ser frustrante y, de nuevo, puede llevar a aislarse de la familia o a rebelarse.

Un cambio que se produce con frecuencia es que el padre que tiene la custodia y los hijos se tienen que mudar. Esto es comprensible, puesto que los ingresos suelen disminuir la mitad o incluso más después del divorcio. Por lo tanto, es necesario mudarse. Por desgracia, el niño probablemente sienta ya que ha perdido a un padre y ahora tiene que experimentar la pérdida del entorno familiar de su casa. Consideremos por un momento lo que supone para un niño tener que mudarse después del divorcio. Con frecuencia significa la pérdida de amigos y conocidos del vecindario. Además, mudarse conlleva

24. Minimiza los cambios

en muchos casos alejarse de sus familiares, como por ejemplo, sus abuelos. Por último, y de gran importancia, un traslado puede implicar un cambio de colegio, lo que significa dejar también a los compañeros de clase y a los profesores. En palabras de Kristi, «Lo que más odiaba era tener que dejar mi casa y mi colegio. No era justo. ¿Por qué me tenía que ir? Yo no era la que me estaba divorciando».

Por último, consideremos otro cambio más asociado al divorcio: el niño ya no va a estar tanto tiempo con cada padre. Para el padre que no tiene la custodia, el tiempo que pase con su hijo estará limitado a los días de visita. Esto puede ser difícil para un niño; sin embargo, el problema se complica aún más cuando el padre que tiene la custodia pasa menos tiempo con su hijo. Normalmente, este padre tiene que trabajar más horas para obtener unos ingresos adecuados para la familia, al mismo tiempo que tiene que realizar más tareas en la casa (no es una tarea fácil para un solo padre). Por desgracia, un calendario más ocupado para un padre significa que pasará menos tiempo con su hijo.

Veamos a continuación algunas posibles soluciones. Realiza el menor número de cambios posible. Esta es claramente una solución idónea pero muy difícil de realizar. De todas maneras, te animamos a realizar el menor número de cambios posible, al menos tras el primer año de la separación. Al minimizar los cambios durante el primer año, tu hijo entenderá más fácilmente que se encuentra en una familia estable en la que se cubren sus necesidades físicas y emocionales.

Para minimizar los cambios en tu casa, vas a tener que realizar verdaderos esfuerzos. Sabemos que éstos van a ser difíciles, en especial al considerar las demandas adicionales que recaerán sobre ti al ser una familia monoparental. Sin embargo, al minimizar los cambios en la rutina diaria de la casa, la vida de tu hijo permanecerá más constante y previsible, al igual que la tuya. Recuerda que es tan importante para ti como para tu hijo.

Además de intentar mantener las rutinas dentro de tu casa, intenta también hacerlo con las de fuera de casa. Tu hijo no debe faltar a ninguna actividad importante porque tú te encuentres muy «tenso», no tengas la energía para llevar a tu hijo a dicha actividad o te sientas culpable por el divorcio. Todas aquellas actividades que tu hijo realizaba antes del divorcio (deportes, música, danza) deben seguir realizándose tras él, siempre que sea posible. Estas actividades le proporcionarán a tu hijo la oportunidad de seguir en contacto con otros niños o adultos con los que solía estar, al mismo tiempo que le estás transmitiendo el mensaje de que todo sigue igual.

En cuanto a mantener las actividades fuera de la casa, debes examinar cuidadosamente tus recursos. Consideramos que tu prioridad debe ser continuar proporcionando a tu hijo tantas oportunidades de relacionarse con sus amigos como tenía antes del divorcio. De esta forma, evitarás que piense que está «sufriendo» (y los niños, en particular los adolescentes, pensarán que están sufriendo) por el divorcio. Además, después del divorcio, los amigos pueden actuar como influencia estabilizadora para un niño.

En cuanto al traslado, es recomendable no mudarse en el primer año después del divorcio si es posible. Las investigaciones realizadas por Christy Buchanan y sus colegas de la Universidad de Stanford han demostrado que el cambio de residencia después de una separación de los padres está asociado a las dificultades de adaptación que sufren los niños. Mudarse es muy difícil para los niños, pero es mucho más complicado si además tienen que hacer frente al divorcio de sus padres.

También es de gran importancia seguir pasando el mismo tiempo, tanto como sea posible, con tus hijos. Es esencial el hecho de estar ahí y estar disponible tanto si tienes la custodia como si no la tienes. Obviamente, si no tienes la custodia no podrás estar con tu hijo tanto como te gustaría, pero puedes estar disponible para tu hijo por teléfono o por otros medios. Sabemos que seguir pasando el mismo tiempo o estar disponible para tu hijo tras el divorcio suele resultar muy difícil, pero puede ser una diferencia muy importante en su vida.

Si debe producirse un gran cambio, es muy importante que prepares a tu hijo para él. Siéntate con él y explícale por qué es necesario el cambio (por ejemplo, por qué os tenéis que mudar). Esta explicación debe realizarse clara y llanamente y sin culpar a nadie (no digas: «Porque tu padre no nos dará dinero suficiente»). También, dile cuándo se producirá dicho cambio. Mantén esta conversación varias semanas antes de que se produzca el cambio para que tenga la oportunidad de hacerse a la idea. Debes hablar varias veces sobre los motivos del cambio para asegurarte de que tu hijo lo entiende y para darle la oportunidad de realizar las preguntas necesarias y de expresar sus sentimientos. Puede no ser agradable, pero es importante.

Recomendaciones:

- Minimiza los cambios tanto como sea posible.

- Mantén la rutina del hogar y el tiempo que pasas con tu hijo. Estas son cosas sobre las que tienes algo de control.

- Cuando se vayan a producir cambios, prepara a tu hijo para ellos.

25

Mantén las tradiciones y las costumbres familiares

*Mis padres siempre me llevaban a comer fuera de casa
el último día del colegio. Después del divorcio, lo seguían
haciendo cada año. Me hacían sentir que me apoyaban juntos.*

Jake, diecisiete años.

Cuando los padres se divorcian, la vida familiar, como se ha conocido, cambia para siempre. Como ya se ha indicado, es muy importante para la adaptación de tu hijo que se realice el menor número de cambios posible. Un cambio que suele pasarse por alto son las tradiciones y costumbres familiares.

Muchas veces nosotros como padres no nos damos cuenta de la importancia que las tradiciones y las costumbres tienen para nuestros hijos en cuanto a seguridad e identidad se refiere. Las tradiciones familiares, en especial aquéllas que se han transmitido desde la infancia, pueden ser más significativas para tu hijo y pueden ayudar a darle una constancia de sus raíces familiares. Tener una fiesta de carnaval, ayudar a cocinar en el día de su cumpleaños o cantar villancicos en Nochebuena son actividades importantes para muchos niños. Son cosas que tu hijo recordará cuando tenga sus propios hijos. Por lo tanto, no querrás que tu divorcio acabe con todas estas tradiciones familiares.

25. Mantén las tradiciones y las costumbres familiares

Lamentablemente, tras el divorcio la mayoría de los padres no podrán participar por igual en las tradiciones familiares existentes en torno a las fiestas, puesto que ya no están con sus hijos. Esto puede ser igual de duro para los hijos que para los padres. Sin embargo, el mensaje principal que debéis transmitir a vuestro hijo es que ambos padres vais a trabajar por mantener tantas tradiciones como sea posible, con el menor número de modificaciones. Siempre que sea posible, trata de desarrollar soluciones acordes para todos los involucrados. Por ejemplo, que tu hijo vaya a pedir caramelos en Halloween durante una hora con mamá por su vecindario y luego se vaya con papá a pedir más caramelos por el vecindario del padre. Dividir las fiestas es una solución que puede funcionar bien en la mayoría de las familias (Nochebuena con un padre y Navidad con el otro padre).

Tras el divorcio también existen oportunidades de establecer nuevas tradiciones que sustituyan a las antiguas. Estas tradiciones pueden ser igual de importantes con el paso de los años que las antiguas. Las nuevas tradiciones no tienen por qué estar asociadas a las fiestas importantes. Las tradiciones pueden ser inusuales e importantes sólo para tu familia. Por ejemplo, una familia estaba jugando al tenis por primera vez el día antes de Semana Santa. Un conejo pasa corriendo por la pista y el niño pequeño cree que es el conejo de pascua. Tras el tenis, van al Burger King. Nada más se dijo del tema y no volvieron a jugar al tenis ese año. Al año siguiente, poco antes de Semana Santa, el niño se acuerda, para sorpresa de sus padres, haber visto al «verdadero» conejo de pascua, haber jugado al tenis y haber ido al Burger King el día antes de Semana Santa, y quiere hacer las mismas cosas. Deciden volver a jugar la partida anual de tenis e ir a Burger King ese año y durante los diez años siguientes, aunque ya nunca más volvieron a ver al conejo. Este hecho se convierte en una tradición muy importante para esos niños y los ayuda a identificar la unicidad de su familia. El trasfondo de este ejemplo es que las tradiciones familiares pueden ser algo que ayude a los hijos a ver a su familia como algo especial y único.

Mientras que las tradiciones familiares son importantes, también lo son las costumbres menores que se producen con una frecuencia mayor. Las costumbres pueden ser muy importantes para los niños, como que cada miembro de la familia cuente en la cena lo que ha hecho durante el día, la rutina de contar cuentos a la hora de acostarse o ir al campo los domingos. Aunque los padres no participen juntos en estas costumbres tras el divorcio, cada uno debe intentar mantener estas actividades cuando estén con sus hijos, puesto que proporcionan una sensación de estabilidad y seguridad esencial tras el divorcio.

Recomendaciones:

- Identifica las tradiciones y las costumbres familiares.

- Después, y de especial importancia, mantén estas tradiciones y costumbres tanto como sea posible tras el divorcio.

- Intenta establecer nuevas costumbres que sustituyan a los anteriores.

26

Desarrolla un plan de paternidad

Cuando dijimos que compartiríamos todas las decisiones relaciona-
das con nuestros hijos, no pensaba en todas las pequeñas decisiones
que necesitaban nuestra intervención. Hubiera deseado haber creado
una lista y haberla repasado juntos cuando decidimos divorciarnos.

Kelly, treinta años, madre de dos niños.

¡La mejor manera de criar a un niño es tener un plan! Es mejor ser proactivo que reactivo. Algunos países ahora solicitan que los padres realicen un plan específico en el que se indique cómo van a criar a sus hijos tras el divorcio. Como Robert Emery de la Universidad de Virginia ha señalado, la finalidad de un plan de paternidad es fomentar acuerdos creativos, individualizados y claros, al mismo tiempo que se pretende facilitar la cooperación entre los padres. Tener un plan puede facilitar que tú y tu excónyuge trabajéis juntos como padres y reduzcáis el número de disputas.

El lugar en el que vivas puede que no exija tener legalmente un plan de paternidad. Sin embargo, como acabamos de indicar, un plan de paternidad puede ser beneficioso para ti, tu excónyuge y, en particular, para tu hijo. Por lo tanto, te animamos a que consideres la posibilidad de desarrollar uno independientemente de que sea obligatorio legalmente o no. Los ejemplos de los siguientes recuadros muestran un plan estándar de paternidad. Como mínimo, tienes que tener en cuenta los temas que normalmente se aplican a un plan de paternidad porque serán los que tendrás que establecer con tu excónyuge.

Joan McWilliams, abogado y mediador en Colorado, señala que un plan de paternidad contiene al menos estas tres secciones:

1. Toma de decisiones: ¿Cómo tomarás las decisiones de tu hijo?

2. Visitas: ¿Cómo distribuiréis el tiempo de vuestro hijo con cada padre?

3. Solución de las desavenencias: ¿Qué pasa si tú y tu excónyuge no os ponéis de acuerdo?

Veamos cada uno de estos tres componentes en un plan de paternidad.

Habrá decisiones que tendrás que tomar en cada una de las siguientes áreas. Primero las decisiones sobre la salud, que incluyen temas como quién pagará el seguro médico, quién concertará las citas médicas, quién llevará al niño al médico, quién cuidará de tu hijo cuanto esté malo y quién pagará los gastos médicos no incluidos en el seguro. Después están las decisiones relacionadas con la educación, como quién decidirá el colegio al que irá vuestro hijo, cómo vais a participar en las actividades escolares, cómo dividiréis los informes escolares y las notificaciones del colegio, quién tendrá acceso a los registros escolares del niño y quién aparecerá en los registros escolares como padre al que avisar en caso de emergencia. También están las decisiones religiosas, como quién decidirá la religión de vuestro hijo, cómo va a participar o no cada padre en la formación religiosa y cómo se celebrarán las festividades religiosas. Por último se encuentran las decisiones que pueden promover el bienestar general del niño. En este tipo se puede englobar casi todo, pero algunos ejemplos son cómo os vais a comunicar tú y tu excónyuge, reglas para recibir a las citas delante de vuestro hijo, qué pasará si uno de los dos decidís mudaros a otra localidad y quién cuidará de vuestro hijo en el caso de que ambos murierais. Como es obvio, existen numerosas decisiones que tendrás que tomar, cuanto más claro seas a la hora de tomarlas, mejor será para tu hijo.

Extractos de un plan de paternidad sencillo

La finalidad de este plan es ayudarnos, a Pat Wood y Todd Wood, a cumplir mejor nuestras responsabilidades como padres y a ayudar a nuestra hija, Christina Wood, a adaptarse a nuestro divorcio. Ambos aprobamos la necesidad de Christina de amarnos a cada uno independientemente de nuestro estado civil y de dónde vivamos. Ambos somos conscientes de que por el beneficio de Christina debemos cooperar como padres en nuestras tareas de educación y que cada uno le proporcione el amor y los cuidados que necesita de los dos. Estamos de acuerdo en cooperar entre nosotros para desarrollar planes aceptables para los dos sobre cómo encargarnos de la educación, la salud y otros aspectos del cuidado y desarrollo de Christina.

Toma de decisiones

Educación: Christina seguirá asistiendo al colegio de educación primaria de Eastside. Pat entregará a Todd una copia de todas las notas semestrales y le informará sobre cualquier acontecimiento importante del colegio (obras de teatro, reuniones de padres-profesores). Cualquier decisión referente al cambio de colegio se tomará entre los dos. Pat aparecerá en los registros del colegio como la primera persona a la que se debe llamar en caso de emergencia y Todd aparecerá en segundo lugar. Cualquier problema importante relacionado con el colegio (problemas académicos o de comportamiento) que se notifique a un padre, éste se lo comunicará al otro.

Salud: El seguro dental y médico de Todd seguirá incluyendo a Christina. Todd indicará a Pat cualquier cambio que pueda producirse a este respecto. Todd será el responsable del pago del 80 por ciento de los costes dentales y médicos que no estén cubiertos por el seguro y Pat del 20 por ciento restante. Pat será la encargada de realizar las citas dentales y médicas necesarias. Las decisiones sobre el cuidado médico diario (por ejemplo, tiene que ir al médico) serán responsabilidades del padre con el que Christina esté en ese momento. Cualquier problema de salud importante se comunicará al otro padre. Las decisiones importantes dentales y médicas (por ejemplo, ortodoncia o cirugía) se compartirán.

Religión: Ambos estamos de acuerdo en seguir educando a Christina en la iglesia metodista. Estamos de acuerdo en que ambos asistiremos con Christina regularmente a la iglesia cuando esté a nuestro cargo.

Disciplina: Estamos de acuerdo en discutir los temas relacionados con el comportamiento y la disciplina de Christina de forma regular para conseguir llegar a un acercamiento aceptable para los dos. Sin embargo, cuando haya diferencias, respetaremos el estilo y la autoridad paternal del otro padre, pues entendemos que no existe una única forma de educar y que es poco probable que dos padres traten los mismos problemas de comportamiento exactamente de la misma forma.

Relaciones con otros familiares: Estamos de acuerdo en fomentar el contacto de Christina con los familiares de Todd y de Pat.

- _____

- _____

- _____

Solución de disputas

Cada año en junio (o en cualquier momento si surgen problemas graves), revisaremos este plan y, si es necesario realizar cambios, los negociaremos para que sean aceptables para los dos. Nos comprometemos a hacer todo lo posible para resolver los temas relativos al plan y a las desavenencias relacionadas con la paternidad. Si no es posible resolver dichas desavenencias, nos comprometemos a trabajar con un mediador o tercera persona seleccionada por los dos para que nos ayude a establecer soluciones con las que ambos estemos de acuerdo. Dividiremos los gastos del mediador (Todd y Pat pagarán cada uno el 50 por ciento).

Firma	Fecha	Firma	Fecha

El segundo componente de un acuerdo de paternidad está relacionado con el tiempo que vuestro hijo pasará con cada uno de vosotros. Ya hemos identificado varios problemas y recomendaciones relacionadas con las visitas (consulta «Parte 4ª, Las visitas»). Claramente, al establecer un calendario de visitas, tienes que tener en cuenta lo que es mejor para vuestro hijo, y lo que es mejor y más factible para vosotros dos como padres. Esto requiere una gran cantidad de paciencia, cooperación y meditación.

26. Desarrolla un plan de paternidad

El último componente de un plan de paternidad es cómo resolver las desavenencias. Está claro que no siempre vais a estar de acuerdo. A veces cuando no estéis de acuerdo, seréis capaces de llegar a un compromiso. Otras, un padre puede tener la autoridad para tomar la decisión final. En otras ocasiones, puede que necesitéis buscar ayuda externa, como la mediación, para resolver un conflicto (consulta la Estrategia n° 5, «Evita las disputas por la custodia: dialoga»). Para evitar los conflictos, lo mejor es que establezcas de antemano cómo vais a resolver las desavenencias.

Los planes de paternidad pueden incluir muchos temas que se deciden en el juzgado o en la mediación. Por lo tanto, tendrás que trabajar con tu abogado/mediador. Sin embargo, si puedes resolver muchos de estos temas fuera del juzgado, estarás en el camino correcto para ayudar a que tu hijo se adapte al divorcio.

Recomendaciones:

● Desarrolla un plan de paternidad con tu excónyuge tan pronto como sea posible. Céntrate en la toma de decisiones, las visitas y la solución de las desavenencias. Un mediador profesional a menudo puede ayudaros a desarrollar un plan si estáis teniendo problemas para hacer uno.

● Aclara con tu excónyuge que la finalidad de crear un plan es clarificar los temas de educación, evitar conflictos y ayudar a vuestro hijo. Durante el proceso de divorcio, cuanto antes se pueda llevar a cabo, se producirán menos conflictos y será mejor para la adaptación de tu hijo.

● Establece una fecha con tu excónyuge para volver a evaluar el plan. A veces necesitará modificaciones, pero si trabajáis juntos por los intereses de vuestro hijo, ambos seréis capaces de hacer modificaciones que sean aceptables para todos los involucrados.

27

Alimenta la relación con tu hijo

«Realmente me gustaba cuando pasaba tiempo con mis padres hablando sobre cuando ellos fueron niños».

José, dieciséis años.

Los niños tienen miedo de que tras el divorcio de sus padres, la relación con uno o ambos padres se deteriore. Por desgracia, este miedo a menudo es fundado. Es fácil imaginar que la relación entre el padre que no tiene la custodia y su hijo se va a deteriorar, problema que sufre también el padre que tiene la custodia. Paul Amato de la Universidad del Estado de Pensilvania y sus colegas han examinado con detenimiento un gran número de estudios sobre este tema y han llegado a la conclusión de que los niños de padres divorciados en familias monoparentales tienen unas relaciones menos positivas con sus padres (los padres que tienen la custodia) que los niños que están con familias completas. Dicho de manera simple, la relación padre-hijo corre el peligro de deteriorarse después del divorcio tanto para los padres que tienen la custodia como para los que no la tienen.

El estudio realizado por Carolyn Webster-Stratton de la Universidad de Washington ofrece alguna luz sobre lo que puede suceder si la relación entre padre-hijo se deteriora después del divorcio. Ha estudiado las interacciones madre-hijo de madres en familias monoparentales, madres casadas en familias en las que existía una relación marital de apoyo y madres casadas en familias en las que existían problemas maritales. Si se compara a las madres de los dos grupos casados al relacionarse con sus hijos, las madres de familias monoparentales hacen más afirmaciones, preguntas y órdenes severas y, a su vez, sus hijos muestran mayores problemas de comportamiento. Mientras que este estudio se centra en las madres, otros estudios de investigación sugieren que es la relación padre-hijo la que normalmente se deteriora más después del divorcio.

Es esencial para ti como padre divorciado que comprendas la importancia de la relación padre-hijo tras el divorcio: una relación padre-hijo es uno de los mejores elementos para asegurar el ajuste del niño tras el divorcio. La investigación de Robert Hess de la Universidad de Stanford y Kathleen Camara de la Universidad de Tuffs indica que los efectos negativos del divorcio en los niños se reducen enormemente cuando existe una relación positiva con ambos padres. En su estudio, los niños que mantienen relaciones positivas con ambos padres tienen, en el baremo establecido, menor nivel de tensión y agresividad y mayor clasificación en el estilo de trabajo en el colegio (preparación, concentración, atención, finalización de tareas) e interacciones sociales con sus iguales (aceptación de los iguales, patrones de amistad y sociabilidad). Hess y Camara han descubierto que los niños pueden hacerlo relativamente bien incluso si se mantiene una relación positiva solamente con uno de los padres. Es el niño que tiene una relación pobre con ambos padres al que no le va bien tras el divorcio. Se ha repetido en muchos estudios científicos, en los que se incluyen trabajos realizados por nosotros mismos, la importancia que tiene la relación padre-hijo a la hora de mejorar la adaptación de un niño durante el divorcio de sus padres.

Si quieres que tu hijo se adapte bien a tu divorcio, es esencial que alimentes la relación padre-hijo. Una relación positiva implica cariño, afecto, comunicación efectiva, disciplina y límites adecuados, cuidado y respeto mutuo, pasar juntos tiempo dedicado al niño y un disfrute general de la compañía de cada uno. Es vital reconocer la importancia de desarrollar una relación más positiva entre tu hijo y tú.

Recomendaciones:

- Sé un padre «abierto». Un niño se tiene que encontrar a gusto preguntando a los padres cualquier cosa sin miedo al ridículo o al rechazo. Un padre «abierto» no deja de querer ni de apoyar si lo que escucha es decepcionante o poco adecuado. Al escuchar con tu boca cerrada, estás invitando a tu hijo a que se comunique contigo. Queremos que nuestros hijos hagan preguntas y expresen sus sentimientos; por lo tanto, debemos estar dispuestos a escuchar lo que tienen que decir. Esto requiere un desarrollo de la valiosa habilidad de hablar menos y escuchar más.

- Además de ser un padre «abierto», utiliza otras habilidades de comunicación eficaces. Las mismas habilidades generales de comunicación eficaz con tu excónyuge (consulta la Estrategia nº 10, «Comunicación correcta entre los esposos») mejorarán la comunicación y la relación con tu hijo o, ¡con cualquiera! Las habilidades de comunicación, que te ayudarán a solucionar problemas entre tu hijo y tú, son: sé amable, establece objetivos para una conversación, trabaja los problemas de uno en uno, muestra tu opinión o sentimientos, pide explicaciones y espera tu turno para hablar y céntrate en buscar soluciones. El lenguaje que utilices dependerá de la edad del niño; sin embargo, el mensaje es el mismo: ser amable, honesto, abierto y receptivo.

- Pasa momentos especiales con tu hijo. Con tiempo limitado y emociones rotas, un padre que pasa por un divorcio puede pretender estar al menos veinte minutos al día con su hijo disfrutando de un momento especial (si el niño está contigo). Este momento especial consiste simplemente en compartir la experiencia de tu hijo «en el momento» sin juicios, críticas ni preguntas. Puede significar hablar con tu hijo sobre sus temas de interés en un momento en el que sepas que va a haber pocas distracciones (por ejemplo, justo antes de que se vaya a acostar), jugar a algo con él o tener una afición común. Deja que tu hijo elija, dentro de unos límites, lo que desea hacer en este tiempo especial. Dicho tiempo es un regalo maravilloso para tu hijo. Debe mantenerse durante los buenos tiempos, los malos tiempos, los tiempos de caos e incluso durante los tiempos mediocres. Es la base para una relación padre-hijo positiva. (Recuerda que nunca es demasiado tarde en la vida de un niño para iniciar estos momentos especiales. Funciona igual de bien con los adolescentes que con los preescolares).

- Diviértete con tu hijo (consulta «Estrategia n° 28, Diviértete con tu hijo»). Busca actividades que os gusten a los dos y diviértete haciéndolas juntos. Asegúrate de que sean cosas en las que podéis interactuar entre vosotros y no permanecer simplemente mirando al otro. Da a tu hijo mucho afecto, estímulo y elogio en esos momentos. Es en estos momentos de diversión que pasáis juntos en los que ambos desarrolláis un mayor sentido del cariño, comprensión, aprecio y cooperación.

- Expresa el amor por tu hijo (consulta la Estrategia n° 29, «Dile *te quiero* a tu hijo»). Muchos padres quieren a sus hijos con todo su corazón pero no son buenos a la hora de comunicárselo. No dudes en decirle a tu hijo que le quieres. Sin embargo, como dice el refrán, dicho sin hecho no trae provecho. Abraza a tu hijo. Intenta ser creativo a la hora de mostrar tu amor de tal forma que sea significativo para él. Para algunos niños puede significar crear un álbum de fotos o un álbum de recortes para ellos; para otros puede ser más significativo que cuelgues sus dibujos en tu casa o que te pongas algo que han hecho para ti. Para algunos niños de padres divorciados, la mayor expresión de amor es la comprensión y la aceptación verdadera de un padre del amor del niño hacia el otro padre.

28

Diviértete con tu hijo

"Los momentos preferidos de mi infancia eran cuando mi padre y yo íbamos a pescar juntos".

Sidney, dieciséis años.

Puedes fortalecer la relación con tu hijo durante y después del divorcio asegurándote de pasar momentos agradables con él. La mejor forma de hacerlo es buscar actividades que os gusten a los dos. Si estáis haciendo algo que a ti no te gusta tanto como a tu hijo, al final la actividad se convierte más en una tarea que en un medio para fortalecer la relación entre tu hijo y tú. Ten siempre presente que mientras que divertirse es bueno, el beneficio principal de hacer cosas divertidas juntas es que permite fortalecer la relación con tu hijo.

Las actividades que hagas con tu hijo deben ser interactivas. Necesitáis estar observando y respondiendo el uno al otro. Es ese tipo de interacción interpersonal la que profundiza y refuerza las relaciones. En el siguiente recuadro puedes encontrar algunos ejemplos sobre este tipo de actividades, en concreto para niños preadolescentes. A menudo divertirse con los adolescentes es mucho más difícil; no obstante, hay muchas cosas que puedes hacer incluso con un adolescente, y ambos podéis pasarlo muy bien haciendo estas actividades. Por ejemplo, algunas de las actividades que podéis practicar juntos son: senderismo, montar en bicicleta, ir de compras (siempre y cuando, por supuesto, compres algo para tu hijo adolescente) y entreteneros con juegos de mesa o videojuegos.

Como Alex nos dijo: «Uno de los recuerdos favoritos de mi infancia era ayudar a mi padre a restaurar un Chevy del 57 los fines de semana que estaba con él».

Ejemplos de actividades interactivas

Coleccionar cosas	Senderismo
Ir de acampada	Cocinar
Coleccionar cromos de deportes	Ir de pesca
Hacer trabajos manuales	Jardinería
Hacer puzzles	Participar en juegos deportivos
Ir a acontecimientos deportivos	Cazar
Montar en bicicleta	Modelismo
Jugar a juegos de mesa	Hacer ejercicio
Coser	Escuchar música
Hacer footing	Hacer punto de cruz/bordar
Pintar	Patinar
Realizar trabajos comunitarios	Participar en las actividades de la iglesia

Hacer cosas con tu hijo te ayuda a comprenderlo mejor, incluyendo sus debilidades y sus fortalezas. También os proporciona una oportunidad de desarrollar un mayor sentido de respeto y afecto entre vosotros. Esto puede conducir a que te conviertas en un padre más «abierto». En otras palabras, tu hijo se siente más a gusto haciéndote cualquier tipo de pregunta, incluso sobre el divorcio, sin miedo al ridículo o al rechazo.

Como se expresa en uno de nuestros poemas favoritos, situado en la entrada del Museo de los Niños en Luisiana en Nueva Orleans, puedes educar de una manera más eficaz a tu hijo mediante el juego:

Intenté educar
a mi hijo con libros.

Él sólo me dirigía
miradas enigmáticas.

Intenté educar
a mi hijo con palabras.

A menudo pasaban
por alto.

Desesperada
me aparté.

«¿Cómo puedo educar
a mi hijo?», grité.

En mi mano
él puso la respuesta.

«Ven» dijo,
«juega conmigo».

Autor desconocido

Recomendaciones:

- Busca actividades que os gusten a tu hijo y a ti.

- Independientemente de las tensiones que tengas en tu vida, busca tiempo para hacer cosas divertidas con tu hijo. Te garantizamos que te sentirás mejor haciendo estas actividades. Y además, profundizarás y reforzarás la relación con tu hijo.

29

Dile *te quiero* a tu hijo

Mi madre solía dejarme notas en mi bolsa de la comida diciéndome lo mucho que me quería. Me hacía sentirme especial y afortunada de tenerla.

Christina, trece años.

Muchos de nosotros creemos que comunicamos nuestro amor a nuestros hijos de una manera más eficaz de la que realmente lo hacemos. Esto puede ser realmente cierto sobre todo en los momentos de tensión durante el divorcio. Sin embargo, es concretamente en este momento cuando debes hacer saber a tu hijo que le quieres: puede pensar erróneamente que como ya no quieres a tu excónyuge, tampoco lo quieres a él.

Aunque tengas una gran cantidad de amor en tu corazón para tu hijo, ¿cómo de bien le demuestras tu amor? ¿Cuántas veces le dices a tu hijo mediante palabras o gestos que le quieres?

Tus palabras deben ir unidas a tus acciones. No basta con decirle a tu hijo que le quieres. Como los adultos, los niños mirarán tus acciones para determinar si tus palabras de amor son sinceras. Como nos decía Jackie, «Mi padre solía decirme lo mucho que me quería y todas esas cosas. Pero entonces se olvidaba de cumplir las promesas que me había hecho. Muchas veces no aparecía para ir a buscarme. Solía venir con cualquier excusa poco convincente y recuerdo que pensaba: si realmente me quisieras, no me harías esto».

Es muy importante estar presente en los eventos deportivos, recitales musicales, representaciones de danza y teatrales del colegio y otras actividades de tu hijo. Si un evento es importante para él, debes estar allí siempre que sea posible. Puede significar mucho para un hijo que ambos padres asistan y sean amables entre ellos. Esto, por supuesto, exige una buena comunicación entre los padres (y sabemos que puede ser difícil) en el sentido de que ambos seáis conscientes de los eventos importantes en la vida de vuestro hijo. También es muy importante que los padres estén involucrados en las actividades escolares del niño. Esto indica no sólo el cariño y amor por vuestro hijo sino la importancia del colegio y el aprendizaje. Preséntate voluntario para ayudar en los viajes escolares, fiestas de la clase, bailes y otras actividades del colegio incluso aunque esto signifique quitarte algo de tiempo del trabajo. Es tan importante para los padres como para las madres.

La siguiente lista incluye algunas sugerencias adicionales tomadas de nuestro libro *Parenting The Strong-Willed Child* sobre cómo comunicar tu amor a tu hijo. Ten en cuenta que estas sugerencias deben adaptarse a tu hijo, que dependerá de su edad y su personalidad. Lo que para un niño pequeño puede ser un mensaje claro de «te quiero» para un adolescente puede no serlo tanto. Recuerda también que es muy importante transmitir tu amor con palabras y hechos.

- Di «te quiero». Sólo el hecho de decirlo es importante y tiene que decirse con regularidad.

- Deja notas con corazones en lugares de la casa en los que tu hijo pueda encontrarlos (por ejemplo, en su cama o en el bolsillo de su abrigo).

- Da a tu hijo mucha afectividad física. Los abrazos pueden hacer sentir realmente a un niño que se le quiere.

29. Dile *te quiero* a tu hijo

- Deja que tu hijo te oiga hablando con alguien sobre lo que lo quieres. A veces, esto puede tener más fuerza que si se lo dices a tu hijo directamente.

- Comienza o ten un álbum de fotos familiar o de recortes para tu hijo. Esto le permitirá pensar que él es importante y querido. Pon fotos, dibujos y otra información de tu hijo en el álbum y deja que lo guarde en su habitación.

- Ten fotos de tu hijo por toda la casa.

- Escribe cartas a tu hijo sobre sus cualidades positivas.

- Muestra sus premios deportivos, dibujos y proyectos exitosos del colegio. ¡Sé creativo! Una familia tenía los dibujos de sus hijos enmarcados como en los museos y colgados por toda la casa junto con las pinturas profesionales.

Dedica algo de tiempo a hacer una lista con las distintas formas de decir «te quiero» que serán especialmente significativas para tu hijo.

30

Anima a tu hijo a expresar
sus sentimientos

«Estoy realmente agradecida de que mi madre y yo tuviéramos el tipo de relación en el que yo podía realmente abrirme a ella y decirle exactamente cómo me sentía».

Jordan, diecisiete años.

Como adultos, una de las cosas que algunos de nosotros hacemos cuando nos enfrentamos al estrés, como el que acompaña al divorcio, es «enterrar en nosotros mismos nuestros sentimientos». En esencia, evitamos pensar en nuestros problemas y sentimientos. A esto nos referíamos cuando anteriormente hablábamos del estilo evasivo de hacer frente a las situaciones (consulta «Estrategia nº 7, Examina tu forma de enfrentarte a la situación»). Si te acuerdas, la investigación ha descubierto que un estilo evasivo de hacer frente a las situaciones no es generalmente saludable. Es tan importante evitar reprimir tus propias emociones como ayudar a tu hijo a evitar contener las suyas. Esto puede ser realmente difícil para ti si eres propenso a evitar hacer frente a los problemas.

Las palabras de Annie resaltan la importancia de tratar de ayudar a tu hijo a expresar sus sentimientos: «Solía guardarlo todo para mí. Andaba por ahí

con todos esos sentimientos, pensando que iba a explotar. Esto me hacía enfadarme con todo el mundo y tras una temporada mis amigos no querían salir conmigo. Finalmente, encontré a alguien que me escuchara y en quien podía confiar. Me di cuenta de que cuando hablas sobre cómo te sientes sobre las cosas, éstas ya no te molestan tanto».

Por suerte, algunos niños, al igual que los adultos, no tienen dificultad en expresar sus sentimientos. Sin embargo, si tu hijo suele reprimir sus emociones, es importante tener en cuenta que no puedes forzarlo a que hable sobre sus sentimientos. Lo que puedes hacer, sin embargo, es «allanar el terreno» para que se sienta lo suficientemente a gusto como para hablar contigo sobre sus sentimientos. Para ello, proporciona suficientes oportunidades para que los dos podáis hablar de diversos temas solos y sin interrupciones. También, desarrolla una relación hasta el punto de ser «abierto» para que él se sienta seguro siendo honesto sin miedo a que menosprecies sus sentimientos (consulta la Estrategia n° 27, «Alimenta la relación con tu hijo»). Con el terreno preparado, puedes darle pie (por ejemplo, «Cómo te sientes sobre...») para que te revele sus emociones. Si no quiere compartirlos, retrocede y no trates de forzar el tema. Espera y vuelve a intentarlo otro día.

Existen muchos libros sobre el divorcio escritos para los niños de diversas edades. Hay libros que puedes leer a niños pequeños y otros que pueden leer los niños mayores o adolescentes (consulta la sección «Recursos» para obtener una lista de algunos de ellos). Deberías considerar la posibilidad de utilizar algunos de estos libros para ayudar a tu hijo a darse cuenta de que sus sentimientos son normales. Después de leerlos, habla sobre ellos con tu hijo. De esta forma, se puede dar una gran oportunidad para que tu hijo y tú habléis sobre sus emociones, preocupaciones e ideas.

Cuando tu hijo exprese sus sentimientos, no te alteres ni los menosprecies. Aprovecha la oportunidad para ayudarle a hacerles frente de la mejor manera. Puedes ayudarle a explorar las distintas opciones que proporcionan las estrategias centradas en las emociones y las centradas en los problemas (consulta la Estrategia n° 7, «Examina tu forma de enfrentarte a la situación»).

Recuerda que la centrada en problemas puede ser la mejor si tu hijo tiene control sobre la situación que está causando el problema. Por desgracia, cuando se trata de problemas relacionados con el divorcio, los niños no tienen mucho control sobre la situación. Por lo tanto, a menudo tendrás que usar un acercamiento centrado en las emociones, en donde tu hijo aprenda a conocer de la mejor manera posible las suyas. Puede que tengáis que afrontar el problema desde otro punto de vista, aprendiendo a controlar su rabia o simplemente aceptando la realidad de la situación. A veces ayuda el mero hecho de hablar sobre los sentimientos, tal y como hemos visto en las palabras de Annie.

Recomendaciones:

- Reconoce que hablar sobre los sentimientos ayuda.

- Crea las oportunidades y las relaciones necesarias para que tu hijo te muestre sus sentimientos.

- Anima, pero no fuerces, a tu hijo a expresar sus sentimientos sobre el divorcio.

- Utiliza los libros escritos sobre el divorcio para niños (consulta la sección Recursos) para darle oportunidades a tu hijo de hablar sobre sus sentimientos.

31

Mantén siempre la misma disciplina

*Sabía que siempre podía hacer que mi padre cediera si le
decía que mi madre me dejaba hacerlo (aunque ella
normalmente no me dejaba).*

Raquel, dieciséis años.

Antes de tratar el tema, veamos qué entendemos por disciplina. La mayoría
de los padres consideran que la disciplina y el castigo son lo mismo. Sin
embargo, la disciplina es algo más que el simple castigo. Disciplina significa
«enseñar». Por tanto, cuando hablamos sobre la disciplina en los niños, estamos hablando no sólo de castigar sino de enseñarles lo que no deben hacer,
pero usando unas pautas y unos comentarios positivos y proporcionando ejemplos para enseñarles lo que sí deben hacer. Si queremos usar una disciplina
correcta con nuestros hijos, debemos asegurarnos de no limitarnos al castigo.

Mantener la misma disciplina es difícil incluso en las mejores circunstancias.
Tras el divorcio, a veces puede ser mucho más difícil. Pero es muy importante
para tu hijo que hagas todo lo posible para mantener la misma disciplina.
Cuanto más consistente la mantengas, más fácil será enseñar a tu hijo a comportarse correctamente.

Existen dos tipos de consistencia en la disciplina. Aunque la mayoría de nosotros piensa principalmente en la consistencia entre los dos padres, el primer tipo que vamos a tratar es la que nosotros mismos tenemos a la hora de educar a nuestro hijo. Por ejemplo, puedes ser severo con tu hijo cuando te encuentres muy estresado y de mal humor y puedes ser excesivamente negligente cuando te encuentres de buen humor. Cuando te comportas de esta forma, quizás castigando a tu hijo un día por algo que ha hecho pero no castigándolo otro día por lo mismo, es más probable que tu hijo se porte mal y ponga a prueba los límites. Tu hijo necesita saber que cuando se salta una regla o se comporta mal se aplicará la misma disciplina. Como recomendamos en nuestro libro *Parenting the Strong-Willed Child*, un descanso, cuando se utilice correctamente y junto con acercamientos positivos hacia una conducta adecuada, es una estrategia eficaz para controlar el mal comportamiento de los niños pequeños. En niños mayores, privarlos de privilegios puede ser eficaz. Independientemente de la edad de tu hijo, al establecer unas reglas claras sobre los comportamientos permitidos y los que no y la disciplina consistente (tanto positiva como negativa), le enseñarás mejor a comportarse correctamente.

Consideremos por un momento algunos factores que pueden provocar que no seas consistente con las estrategias paternales disciplinarias. Un buen ejemplo es beber alcohol. Algunos padres se muestran más indulgentes cuando beben y permiten a sus hijos hacer cosas que normalmente no permitirían que hicieran. Por el contrario, otros padres se vuelven menos tolerantes y más severos cuando beben. En ambos casos, la disciplina no es consistente y el niño puede llegar a confundirse y no saber lo que está o no permitido.

Veamos otro ejemplo. Para muchos padres, cuando están estresados, su disciplina es más inconsistente. Esto sucede especialmente en padres que no saben enfrentarse a los problemas (consulta la Estrategia n° 7, «Examina tu forma de enfrentarte a la situación» y la n° 9, «Controla el estrés en tu vida»). Cuando estás estresado y te enfrentas mal a las situaciones, tu disciplina puede cambiar, puesto que puedes volverte menos tolerante o, por el contrario, ignorar comportamientos que normalmente castigarías. De nuevo, ninguno de los dos comportamientos es beneficioso para tu hijo.

Veamos un último ejemplo. Si eres el padre que tiene la custodia, un momento particularmente difícil es cuando tu hijo vuelve de pasar algún tiempo con tu excónyuge.

Con casi total probabilidad, durante ese tiempo tu hijo ha estado viviendo con tu excónyuge siguiendo unas reglas diferentes. Puedes pensar que será muy duro para él volver a imponer las normas que has estado utilizando en tu casa. Sin embargo, es esencial que te mantengas firme a la hora de sostener tus normas, incluso cuando tu hijo te ponga a prueba para ver si consigue que cedas. (Y como hemos indicado en la Estrategia n° 22, «Prepárate para las comparaciones»). Debes estar preparado para responder a «pero papá me deja...». Te recomendamos que le digas claramente algo como: «Bien, cuando estás con tu padre eso puede estar bien para él, pero cuando estés conmigo la norma es...» Si te mantienes firme a la hora de imponer tus reglas, tu hijo aprenderá que ponerte a prueba no funciona y aprenderá a cumplir tus normas.

El segundo tipo de consistencia en la disciplina es entre padres. Es decir, tu excónyuge y tú tendréis diferencias a la hora de aplicar una disciplina a vuestro hijo. Algunos padres son más consistentes que otros. El estudio realizado por Christy Buchanan y sus colegas de la Universidad de Stanford mostró que cuando los padres divorciados no son consistentes entre ellos en cuanto a cómo afrontar el comportamiento de su hijo, tiene un efecto emocional directo en el niño. Por tanto, en términos disciplinarios, los padres tienen que lograr ser consistentes no sólo con ellos mismos sino entre ellos. Está claro que esta es una tarea difícil porque dos padres nunca actúan de la misma manera, especialmente tras el divorcio. Sin embargo, es importante para los padres hablar entre ellos sobre la disciplina y tratar de llegar a un acuerdo para actuar de forma similar.

Si éste es tu caso, entonces debéis centraros en dos cosas:

1. La mayoría de los niños se adaptan mejor de lo que tú crees a los distintos estilos paternales (consulta «Estrategia n° 16, Vuelve a definir la relación con tu excónyuge»).

2. Como hemos indicado anteriormente, puedes seguir siendo consistente en la forma de tratar con tu hijo a través del tiempo.

Recomendaciones:

- Controla tu nivel de estrés. A menos que seas consciente de tu dolor, no serás capaz de hacerle frente adecuadamente. Y, si no le haces frente correctamente, no podrás ser consistente en la aplicación de tu disciplina (consulta «Estrategia n° 7, Examina tu forma de enfrentarte a la situación» y «Estrategia n° 9, Controla el estrés en tu vida»).

- Desarrolla pautas claras para tu hijo sobre los comportamientos que están permitidos y los que no, y deja claro cuáles serán las consecuencias. Puede ayudar escribir aquellos comportamientos que estén y que no estén permitidos, ponerlos en algún lugar de la casa y repasarlos diariamente con tu hijo. Con unas pautas claras y unas consecuencias definidas, tanto tu hijo como tú sabréis qué va a pasar.

- Recuerda que ser consistente en la disciplina implica algo más que castigo. También tienes que trabajar por construir una relación positiva con tu hijo (consulta «Estrategia n° 27, Alimenta la relación con tu hijo»). El estudio llevado a cabo por Sharlene Wolchik y sus colegas de la Universidad del Estado de Arizona sugiere que los niños están mejor protegidos del estrés del divorcio de sus padres cuando existe una relación positiva con un padre y una disciplina constante.

- Aunque sea muy difícil, trabaja con tu excónyuge para aplicar la misma disciplina. Si puedes ser consistente en cuanto a la disciplina se refiere, tu hijo no pondrá a prueba los límites ni cuestionará las normas que se aplican en una casa pero no en la otra. Sin embargo, ésta es quizás la mayor queja de las madres que tienen la custodia: el padre «divertido» que tiene pocas o ninguna norma en los fines de semana que está con sus hijos. Por supuesto, en algunos casos, el padre que no tiene la custodia tiene la misma queja sobre la madre. Si es posible, tienes que comunicarte y trabajar con tu excónyuge para alcanzar un compromiso y aplicar las mismas normas en ambas casas. Pero si tu excónyuge no está dispuesto a colaborar, debes aceptar el nivel de consistencia (o inconsistencia) que exista. Haz un gran esfuerzo y sigue adelante. Centra tu energía en aplicar tus normas día a día.

- Sé firme a la hora de aplicar las normas y la disciplina tan pronto como tu hijo vuelva de estar con el otro padre.

32

Supervisa las actividades de tu hijo

No era consciente de que las noches que mi hija decía que estaba en casa de su amiga, en realidad estaba pasando la noche con un chico. Ahora, está embarazada con dieciséis años.

Diana, treinta y ocho años, madre de cuatro niños.

Tanto durante como después de un divorcio, los niños mayores y los adolescentes normalmente recurren a sus amigos en busca de apoyo. Esto es muy importante, puesto que la amistad puede ayudar a un niño a hacer frente al posible impacto negativo que puede tener el divorcio de sus padres. Sin embargo, como padre, es importante que supervises las actividades de tus hijos mayores o adolescentes cuando estén fuera de casa con sus amigos. Aunque los amigos pueden ser una fuente de apoyo, sin una correcta supervisión tu hijo puede empezar a salir con otros chicos que tengan una mala influencia sobre él. Los malos amigos pueden conducir a tu hijo a involucrarse en actividades problemáticas como fumar, beber, mantener relaciones sexuales tempranas y actos delictivos.

¿Qué queremos decir con supervisar las actividades de nuestro hijo? Veamos algunos ejemplos. ¿Sabes con quién sale tu hijo? ¿Le preguntas a tu hijo dónde va cuando está fuera de casa? ¿Tiene tu hijo horas de llegada establecidas durante la semana y los fines de semana? ¿Conoces a los padres de los amigos de tu hijo? Si tu respuesta a estas preguntas es «sí», entonces parece que estás haciendo un buen trabajo de supervisión en las actividades de tu hijo fuera de casa.

Por desgracia, con el divorcio, muchos padres a menudo tienen estrés y como resultado, supervisan de manera menos eficaz las actividades de sus hijos adolescentes. Por ejemplo, en uno de los estudios clásicos sobre el divorcio y los niños, Mavis Hetherington y sus colegas de la Universidad de Virginia descubrieron que, seis años después del divorcio, los adolescentes de familias divorciadas eran supervisados menos por las madres que tienen la custodia que aquellos adolescentes que vivían en casas con ambos padres. Trata de ser la excepción a esta estadística.

Por lo tanto, ¿qué puedes hacer para supervisar adecuadamente las actividades de tu hijo? Recomendaciones:

- Mantén a tu hijo involucrado en actividades que estén supervisadas por adultos. Algunos ejemplos de estas actividades son: deportes, lecciones de baile, actividades escolares extracurriculares y grupos religiosos.

- Establece horas de llegada razonables para un adolescente tanto los fines de semana como los días de diario. Para establecer dichas horas, debes tener en cuenta la edad de tu hijo, su rendimiento en el colegio y las amistades que tiene. El permiso para llegar tarde sólo debe concederse si se lo ha ganado demostrando un comportamiento responsable.

- Conoce a los amigos de tu hijo. Anima a tu hijo a que los invite a tu casa de forma que tengas la oportunidad de conocerlos.

- Conoce a los padres de los amigos de tu hijo. Llámalos, habla y queda con ellos.

- Si tu hijo va a quedarse en casa de un amigo, averigua si los padres estarán en casa.

- Combina la supervisión de las actividades de tu hijo con la creación de una relación cercana con él (consulta la Estrategia n° 27, «Alimenta la relación con tu hijo»). En el estudio realizado con nuestros colegas se indica que lo mejor para favorecer la adaptación de los niños es la *combinación* de estas dos habilidades. Además, como sugiere el estudio realizado por Margaret Kerr y Hakan Statten de Suecia, sin una relación cercana y una buena comunicación, los adolescentes a los que se les supervisa estrechamente se pueden sentir excesivamente controlados por sus padres, lo cual puede tener un efecto negativo en su humor. Tu hijo es menos probable que sienta que estás siendo injusto o demasiado estricto al establecer las horas de llegada y al supervisar sus actividades, si también trabajas tu relación y comunicación con él. Sin embargo, independientemente de los sentimientos de tu hijo sobre estar siendo supervisado, nuestra creencia es que ésta es una obligación parental. A la larga, tu hijo se beneficiará de tu supervisión.

33

Supervisa el rendimiento
en el colegio

Tommy me decía que todo iba bien en el colegio. Hasta que no recibí sus notas no me di cuenta de que estaba teniendo graves problemas en el colegio.

Martha, treinta y cuatro años, madre de un niño.

El rendimiento de tu hijo en el colegio puede ser una buena indicación de cómo está haciendo frente al divorcio. Si un niño no lo está llevando bien, las notas suelen empeorar y aumentar los problemas de comportamiento en el colegio.

Por lo tanto, como padre que se está divorciando o está divorciado, debes supervisar estrechamente el rendimiento de tu hijo en el colegio. Como Robert Emery de la Universidad de Virginia ha resumido, los niños de padres divorciados no tienen tan buenas notas, tan buen comportamiento ni finalización del colegio como aquéllos que viven con sus dos padres. Aunque pueden existir varias explicaciones a esta situación, el hecho importante es tratar de evitar que el rendimiento de tu hijo en el colegio sea problemático. Esto es esencial porque si su rendimiento se deteriora y aumentan sus problemas de comportamiento, puede que tu hijo se sitúe en un camino que le conduzca a realizar un esfuerzo menor en el colegio, lo que a su vez, le lleve a tener peores notas y mayores problemas de comportamiento. Esta espiral puede llevar a tu hijo a perder su motivación para finalizar su educación.

Recomendaciones para que tu hijo siga en el camino correcto:

- Trabaja en fortalecer la relación con tu hijo. Varios estudios, incluidos los nuestros, han indicado que si un niño tiene al menos una buena relación con uno de sus padres tras el divorcio, sus notas son más altas. En nuestro trabajo con familias divorciadas, uno de nuestros estudios descubrió que, en general, los adolescentes que tienen una relación pobre con ambos padres tienen una media de suficiente bajo. Por el contrario, cuando los adolescentes tienen una buena relación con ambos padres, su media en las notas sube a un notable alto.

- Supervisa estrechamente el rendimiento de tu hijo en el colegio. Esto significa tres cosas: (1) comprueba si tiene deberes que hacer en casa y si los ha hecho, (2) revisa las pruebas y otras tareas que tenga tu hijo y (3) establece y mantén una relación de trabajo estrecha con el profesor o profesores de tu hijo para que puedan ponerse en contacto contigo si surgen problemas. Es esencial tu participación en la vida escolar de tu hijo.

- Dile al profesor o a los profesores de tu hijo que te estás divorciando. De todas formas, es muy probable que los profesores lo averigüen. Y, al decírselo, podéis trabajar juntos para aseguraros de que el divorcio no interfiere en el progreso del niño en el colegio.

- Intenta tener una hora establecida para hacer los deberes. Normalmente, debería ser antes de que tu hijo vea la televisión o juegue con los videojuegos. Al establecer un horario regular para hacer los deberes, te estás asegurando de que se hacen y, al mismo tiempo, tu hijo se beneficia al tener la sensación de estabilidad y seguridad que a menudo se asocia con las rutinas.

33. Supervisa el rendimiento en el colegio

- Intenta coordinar con tu excónyuge cómo revisar los trabajos, las tareas y otras actividades relacionadas con el colegio, sobre todo si tu hijo pasa tiempo con su otro padre durante la semana.

- Si tu hijo empieza a tener problemas en el colegio, plantéate la posibilidad de utilizar un informe. Para los niños a partir de secundaria, un informe diario puede dejar claro a tu hijo lo que se espera, una comunicación fluida entre su profesor y tú, y proporciona motivación para que tu hijo vaya bien en el colegio.

  Con el informe diario, el profesor y tú primero identificáis y después definís el problema o problemas (por ejemplo, no termina los deberes asignados, no termina el trabajo que tiene que realizar en clase o habla en clase). A continuación, busca incentivos que tu hijo puede ganarse si lo hace bien. Estos incentivos pueden ser ver un rato más la televisión, estar levantado un poco más tarde de lo habitual o jugar a algún juego de mesa después de cenar. Tu hijo puede identificar posibles incentivos que sabe que no recibirá a no ser que se los gane. Siéntate y explica a tu hijo que llevará un informe al colegio (consulta el siguiente recuadro) cada día y que se lo dará al profesor para que lo complete y firme. El informe diario debe centrarse en el problema identificado por el profesor. Es responsabilidad de tu hijo que el profesor compruebe y firme si ha completado la tarea. También es su responsabilidad llevar el informe a casa y, cuando se haya ganado su recompensa, es tu responsabilidad dársela. (Para obtener más información sobre el uso de los informes diarios, consulta el libro de Mary Lou Kelley que se indica en la sección Recursos. También existen otros impresos gratuitos para padres de informes diarios y otros temas relacionados con el colegio en la página Web del *Center for Effective Parenting*, www.parenting-ed.org).

- Si tu hijo no va bien en el colegio, habla con su profesor para que te recomiende un tutor o te indique otras formas de ayudar a tu hijo.

Ejemplo de un informe diario para completar los deberes

Nombre del niño: _____

Fecha: _____

¿Se entregaron los deberes de casa?   Sí   No   N/A

¿Se hicieron correctamente?   Sí   No   No se ha revisado
todavía

Proporciona una nota si se sabe. _____

Breve descripción de los nuevos deberes.
(Marca Ninguno si no hay deberes).   Ninguno

_____

_____

_____

_____

Firma del profesor:
_____

34

Desarrolla la autoestima de tu hijo

Siempre recordaré el brillo en el rostro de Paulette la primera vez
que fue capaz de completar por sí sola el proyecto de ciencia.
Estaba tan orgullosa de ella misma (y yo también).

Janet, treinta y siete años, madre de una niña.

A muchos padres les preocupa si su divorcio afectará a la autoestima de su hijo o cómo se siente un niño sobre sí mismo. Es una preocupación importante, puesto que la autoestima de un niño está relacionada con un número de consecuencias positivas en su vida, como éxito en el colegio, relaciones interpersonales positivas y la habilidad de resistir a la presión que ejercen los de su grupo paritario. Los niños con una autoestima positiva suelen tener más éxito en casi todos los aspectos de la vida que aquéllos que tienen una baja o escasa autoestima.

Como padre, puedes influir mucho en el desarrollo de la autoestima de tu hijo en sus primeros años de vida. Los niños miran a sus padres y a otros adultos durante sus vidas para buscar evidencias de que se les quiere, gustan, son inteligentes y competentes. Durante sus primeros años es cuando la estima del niño se empieza a desarrollar y proporciona los pilares sobre los que se construirá la autoestima en su vida.

Antes de ver cómo aumentar la autoestima de tu hijo, es importante entender la relación entre autoestima y habilidad. A menudo, nos sentimos bien con nosotros mismos cuando nos encontramos en áreas en las que tenemos grandes habilidades. Por ejemplo, si tu hijo tiene gran habilidad para los estudios, lo más probable es que se encuentre a gusto en esa área. Pero, ¿qué pasa si tu hijo no es bueno en los estudios? En esta situación, no querrás centrarte en construir su autoestima. Más bien, deberás centrarte en mejorar su habilidad en los estudios. Este mismo principio se aplica a otras áreas de su vida (relaciones interpersonales, música, deporte, etc.).

¿Qué puedes hacer para construir la autoestima de tu hijo? A continuación te indicamos nuestras recomendaciones:

- Refuerza las habilidades e intereses de tu hijo. Céntrate en desarrollar aquéllos en los que tu hijo tiene más porvenir. Esto le hará sentir que es mejor, o al menos igual, que otros niños de su edad al menos en una actividad.

- Da ánimos y elogios con frecuencia.

- Reconoce el esfuerzo y los logros de tu hijo. No esperes hasta que haya hecho algo excepcional para reconocer sus esfuerzos.

- Anima a tu hijo a que tome decisiones. Al tomar decisiones, tu hijo desarrolla un sentido de autocontrol y logro. A medida que los niños aprenden a tomar «buenas» decisiones, con el tiempo desarrollan un sentido de la habilidad y autovalía.

- Deja que tu hijo afronte algunos riesgos. No lo sobreprotejas ayudándole a evitar todas las actividades y situaciones que puedan suponer un riesgo de fracaso. Es importante que tu hijo aprenda a hacer frente al fracaso. Todo el mundo fracasa alguna que otra vez. Sin embargo, al tomar ciertos riesgos, tu hijo también aprenderá que a veces puede hacer cosas que pensaba que no podía hacer. Tomar riesgos y salir con éxito desarrolla una autoestima positiva. La clave está en que tú intentes asegurarte de que salga bien de la mayoría de las situaciones de riesgo (pero, claramente, no de todas).

- Da a tu hijo responsabilidades. Un niño necesita crecer pensando que puede contribuir de una manera significativa e importante en su familia. Una forma de lograr esto es dándole responsabilidades en la casa desde una edad temprana.

- No exijas perfección. En su lugar, anima a tu hijo a que se esfuerce lo más posible. Recuerda que necesita saber que lo aceptas con todos sus defectos.

- Evita tus comentarios extremos. Trata de no decir a tu hijo que «siempre» hace algo mal o que "nunca" hace algo bien. En lugar de esto, describe el comportamiento de tu hijo dentro de cada situación. En lugar de decir «eres siempre tan desordenada», deberías decir «este mediodía tienes realmente desordenado tu cuarto». De esta manera, evitas catalogar a tu hijo.

- Limita tus comentarios negativos. A nadie, tanto si es un niño como un adulto, le gusta que le critiquen. Sin embargo, muchos padres suelen hacer más comentarios negativos que positivos a su hijo. Esto sucede especialmente en padres que están pásando por un divorcio. Intenta ser lo más positivo posible en los comentarios que haces a tu hijo. Por cada comentario negativo que le señales, intenta apuntar al menos tres o cuatro positivos.

35

Ármate de paciencia y recobra la calma

Durante meses después del divorcio, estaba tan alterada que casi todo lo que mi hijo hacía mal me hacía gritar.

Tammy, veinticinco años, madre de un niño.

Uno de los grandes retos de los padres, en concreto durante los momentos de estrés, es mantener la paciencia cuando tu hijo haga algo que moleste. Como bien sabes, el divorcio va asociado a mucho estrés. Por lo tanto, muchos niños cuyos padres están divorciados son el objetivo de tales sentimientos de frustración. Si pierdes a menudo la paciencia con tu hijo, puede conducir a un deterioro de la relación con él, lo que puede dificultar aún más su adaptación al divorcio. Teniendo en cuenta los problemas que puede crear perder la serenidad, necesitas trabajar en mantenerla si ésta es un área problemática para ti.

Como tratamos anteriormente en el libro (consulta la Estrategia n° 21, «Cambia la forma que tienes de pensar en tu hijo»), tus pensamientos a menudo controlan tus reacciones emocionales sobre tu hijo. Cuando está haciendo algo que te altera, es tu manera de interpretar y pensar sobre estas cosas la que determina cómo te va a afectar y la que, probablemente, te haga perder la paciencia. Por ejemplo, tu hijo vuelve de pasar el fin de semana con su padre y está muy quejica. Tu reacción emocional (que afectará tanto si pierdes como si no la paciencia) dependerá en gran medida de a qué atribuyas sus quejas. Si crees que sus quejas se deben a que tu excónyuge ha cedido a sus llantos y ahora él piensa que puede hacerte ceder, tendrás más probabilidades de enfadarte que si piensas que sus quejas se deben a que está cansado porque es tarde. Tus pensamientos controlan tus reacciones emocionales. Intenta no pensar en lo peor. Tu hijo no está siempre comportándose mal por culpa de tu excónyuge o porque esté intentando enfadarte. Considera explicaciones menos negativas para el comportamiento de tu hijo y es menos probable que pierdas la paciencia. Sin embargo, casi todos los padres a veces la pierden. Como hemos indicado anteriormente, esto se da principalmente entre padres que se están divorciando.

Si piensas que nunca deberías perder la calma, que siempre deberías ser paciente y que es *terrible* si la pierdes, es muy probable que te enfades o te deprimas siempre que no puedas evitar perderla. Y enfadarte o deprimirte no va a ayudarte a ser más paciente. Por el contrario, cuando pierdes la serenidad, debes reconocer que es desafortunado e indeseado, pero también es humano. No es nada razonable esperar que siempre vayas a ser paciente, en particular durante el divorcio. No pongas excusas por perder la paciencia, reconoce y comprende que va a pasar alguna vez.

¿Qué puedes hacer para minimizar los efectos negativos de perder la paciencia con tu hijo? En nuestro libro *Parenting the Strong-Willed Child*, recomendamos usar las cuatro R para controlar el daño:

1. Reconocer que estás perdiendo o has perdido la paciencia.

2. Retroceder o dar un paso hacia atrás y salir de la situación.

3. Revisar la situación.

4. Responder a la situación.

El primer paso es reconocer tan pronto como sea posible que estás perdiendo o has perdido la paciencia. Puesto que todos reaccionamos de manera distinta, intenta identificar tus propias señales que indican que estás o has perdido la calma.

Para uno de los autores (no diremos cuál), las señales son hacer rechinar los dientes o hablar en un tono bajo. La clave es identificar, tan pronto como sea posible, que estás perdiendo (o has perdido) la paciencia. Cuanto antes se descubra, más fácilmente podrás recobrar tu autocontrol.

El siguiente paso es retroceder y salir de la situación tan pronto como te des cuenta de que estás perdiendo la paciencia o que la has perdido. Si no puedes dejar a tu hijo (por ejemplo, estás solo en un lugar público con él), intenta dar un paso atrás (literalmente). Aléjate de él un par de pasos, mira a otra cosa que no sea tu hijo e intenta recobrar tu compostura. Respira profundamente e intenta calmarte tanto como sea posible. Dite a ti mismo pensamientos realistas sobre el comportamiento de tu hijo (consulta la Estrategia nº 21, «Cambia la forma que tienes de pensar en tu hijo»). El tipo de autoconversación positiva puede ser eficaz para controlar la rabia y recuperar el autocontrol. ¡Evitarás explotar!

Una vez que hayas recuperado el autocontrol, detente y revisa la situación rápidamente. Piensa en lo que ha pasado, cómo tus pensamientos te han podido conducir a perder el control y cómo puedes responder a la situación. Después, decide la mejor forma de actuar en la situación actual.

El último paso es afrontar la situación y responder de la forma que creas más adecuada. Mantén tu autocontrol. Si empiezas a sentir que lo estás perdiendo de nuevo, retrocede al principio y repasa las cuatro R: reconocer, retroceder, revisar y responder.

Recomendaciones:

- No pagues tus frustraciones con tu hijo.

- Intenta aumentar tu paciencia controlando la interpretación que haces del comportamiento de tu hijo. Vuelve a leer la «Estrategia nº 21, Cambia la forma que tienes de pensar en tu hijo».

- Cuando pierdas la calma, practica las cuatro R: reconocer, retroceder, revisar y responder.

- Cuando pierdas la paciencia, nunca (y repetimos *nunca*) amenaces a tu hijo con mandarlo a vivir con su otro padre.

36

Nunca culpes a tu hijo del divorcio

El remordimiento más grande de mi vida es cuando le dije a mi hijo de diecisiete años, en un arranque de ira, que si él no hubiera sido tan malo, quizás su padre y yo aún estuviéramos juntos. Tras esa pelea se fue de casa. Y ahora apenas lo veo.

Linda, cuarenta y dos años, madre de tres niños.

Como quizás recuerdes de la encuesta que hicimos en la Introducción, el hecho más estresante asociado al divorcio para un niño es que uno de los padres le dijera que el divorcio era culpa suya. Es esencial que nunca le digas eso a tu hijo. Un niño ya tiene que hacer frente a bastantes cosas cuando sus padres se divorcian como para que además se le culpe directamente del divorcio. Además, un divorcio *nunca* es culpa de un niño: nosotros, como adultos, tomamos estas decisiones; los niños no.

Tú puedes ser uno de los muchos padres que dirían inmediatamente: «¡Nunca le diría a mi hijo que es el responsable de mi divorcio!». Esperamos realmente que sea así, pero debemos señalar que puede que indirectamente o sin intención hagas sentir a tu hijo que es el culpable del divorcio. Por ejemplo, puedes hacer un comentario del tipo: «Era demasiado duro vivir todos juntos».

36. Nunca culpes a tu hijo del divorcio

Lo que quieres decir con esto es que tu excónyuge y tú no podíais estar juntos; sin embargo, un niño puede interpretar esto y creer que es porque él vive en la casa y, por lo tanto, el divorcio es culpa suya.

Otra forma de hacer creer a tu hijo que el divorcio es culpa suya es mediante las discusiones previas al divorcio en las que se trataban temas relacionados con él. Por ejemplo, le has comprado a tu hijo un abrigo caro y tu excónyuge piensa que te has gastado demasiado dinero. Como consecuencia, ambos empezáis a discutir. Tu hijo puede pensar que si no fuera por él y su abrigo, la discusión no se habría producido. Si episodios como éste se producen con frecuencia y antes del divorcio, tu hijo puede sentirse responsable del mismo.

Por último, otra forma que sin darte cuenta puede hacer pensar a tu hijo que es el responsable del divorcio es no dejándole totalmente claro desde el principio que el divorcio no es culpa suya. Cuando los niños no entienden algo, suelen tender a pensar lo peor. Como Laura nos comentó, «Me culpaba por el divorcio porque mis padres siempre discutían por mí y mi comportamiento. Nunca me dijeron que yo no fuera el motivo del divorcio. Me imaginé que no me lo decían porque yo era la razón». Tu hijo puede sentir que el divorcio es culpa suya. Es nuestra tarea como padres disipar esta falsa creencia de manera clara y en repetidas ocasiones.

Recomendaciones:

- Nunca culpes a tu hijo por el divorcio, directa o indirectamente.

- Piensa con detenimiento cómo tratas los asuntos familiares cuando tu hijo puede oír lo que estáis diciendo. Puede malinterpretar lo que se dice y culparse a sí mismo por el divorcio.

- Deja claro a tu hijo desde el primer momento en el que le comuniques que os divorciáis que él no tiene la culpa. Repíteselo a menudo y escucha lo que tenga que decirte en relación al divorcio.

37

No hagas promesas que no puedas cumplir

Recuerdo cuando mis padres me prometieron que podría seguir
yendo al mismo colegio y graduarme con mis amigos.
Tres meses más tarde tuvimos que mudarnos y tuve
que ir a un colegio distinto en el último curso.

Zach, diecinueve años.

La mayoría de los padres quieren que el divorcio sea lo más sencillo posible para sus hijos. Por desgracia, en sus esfuerzos porque así sea, a menudo los padres hacen promesas que no podrán cumplir. Estas promesas pueden ser que la familia no se tenga que mudar tras el divorcio, que el padre que no tiene la custodia vaya a verlos todos los fines de semana o que el niño pueda seguir yendo a un campamento de verano caro. Lamentablemente, el divorcio cambia muchas cosas y lo que prometes puede que no se cumpla. Por lo tanto, es muy importante que tengas mucho cuidado a la hora de prometer algo a tu hijo.

James nos contaba la siguiente historia: «Cuando me divorcié de mi mujer, me sentía tremendamente culpable. Ya sabes, preocupado por lo que le había hecho a mis hijos. Quería compensarles y les prometí que los llevaría a un crucero cada verano. No estaba seguro de cómo iba a pagarlo pero me figuraba que podría encontrar la solución de algún modo. Un año después de mi divorcio, me despidieron del trabajo y no puede encontrar otro en el que me pagaran tan bien. Cuando les dije que no podríamos ir a un crucero como les había prometido, podía ver la mirada de 'pero nos lo habías prometido' en sus ojos y en sus caras».

Si haces y rompes tus promesas constantemente, tu hijo puede creer que no te preocupas por él lo suficiente como para cumplirlas. Normalmente, no será suficiente para tu hijo que rompas una promesa porque ya no tengas suficientes ingresos para permanecer en la misma casa o tengáis que mudaros por un trabajo. A medida que rompas tus promesas, tu hijo puede empezar a cuestionar el valor de vuestra amistad y, quizás, su propia valía.

Cumplir las promesas también es importante por otro motivo: quieres que tu hijo te vea tan honesto y sincero como tus palabras. Si tú, como padre, le dices la verdad y mantienes tu palabra, tu hijo no sólo confiará en ti sino que también valorará esas cualidades que, esperamos, él mismo desarrolle. Al final, dichas cualidades le ayudarán a hacer frente a las tensiones de la vida, incluido el divorcio.

Recomendaciones:

- La forma más segura de mantener tus promesas es pensar detenidamente en lo que estás prometiendo. Antes de hablar, pregúntate a ti mismo: «¿Estoy seguro de que voy a poder llevar a cabo esto?». Si no estás seguro, no hagas una promesa.

38

No compenses en exceso por el divorcio

Sabía que si hacía sentir culpable a mi padre, podía pedirle lo que quisiera y él me lo daría.

Alex, catorce años.

Muchos padres que se divorcian están preocupados y se sienten culpables por los sentimientos y reacciones de sus hijos. Algunos están preocupados porque sus hijos no lo vayan a querer tanto como antes. A otros les preocupa que su hijo se vaya a ver desprovisto de pasar tiempo con el otro padre. Además, cuando un padre ve a su hijo triste, puede sentirse aún más preocupado y culpable. También, los niños mayores o adolescentes pueden decirle directamente a sus padres lo mucho que ha cambiado su vida a peor con el divorcio. Tales situaciones no facilitan que te sientas bien como padre. Como resultado, muchos padres intentan compensar en exceso por lo que sienten que le han hecho a sus hijos.

Hay muchas formas de que los padres compensen demasiado y te mostraremos algunos ejemplos. Primero, muchos padres están constantemente disculpándose con sus hijos por el divorcio. Segundo, los padres pueden no escatimar en regalos a sus hijos como bicicletas nuevas, videojuegos y ropa.

Tercero, los padres pueden tratar de agasajar constantemente a sus hijos o darles demasiado dinero para el cine, ir a patinar o para realizar otras actividades con otros niños. Por último, los padres pueden dejar que los niños hagan lo que quieran con escasas normas y sin ninguna disciplina. Todas estas son maneras de intentar compensar en exceso por el divorcio o para comprar el amor de nuestros hijos (¡no funcionarán!). No puedes comprar el amor de tu hijo. Él necesita mantener su vida lo más igual posible tras el divorcio, no una en la que trates de compensarlo en exceso e intentes hacer su vida mejor y más fácil.

Las posibles consecuencias de compensar en exceso por el divorcio son evidentes en palabras de Patti. «Mi hija tenía seis años cuando nos divorciamos. Al principio no quería castigarla cuando se comportaba mal porque ya había sido castigada demasiado con el divorcio. No quería que me odiara. Solía dejar a un lado su comportamiento y decirme a mí misma que no importaba. Pero su comportamiento empeoró tanto que la expulsaron del colegio tres veces. Ahora estoy yendo a un terapeuta para aprender a ayudarla a controlar su comportamiento».

A continuación indicamos nuestras recomendaciones adaptadas en parte de las recomendaciones del Cooperative Extension Service de la Universidad de Iowa *y de nuestras propias experiencias en el trabajo con los padres divorciados:*

- No te disculpes constantemente por el divorcio. El divorcio es una decisión que toman dos adultos. Sí, es muy probable que trastorne la vida de tu hijo (al menos temporalmente). Sin embargo, es tu función como padre hacer todo lo que puedas por tu hijo en estas circunstancias. Para ello, sigue las cincuenta estrategias que se indican en este libro y no te disculpes constantemente por el divorcio.

- No dejes que tu hijo te chantajee al pedirte o exigirte que le compenses por el divorcio comprándole cosas. Si eres el padre que no tiene la custodia, no permitas que tu hijo se niegue a visitarte a menos que le compres algo o hagas algo que él quiera.

- Sé realista con los regalos y el dinero que le das a tu hijo. Puedes tener restricciones financieras y, además, demasiados regalos no es la mejor manera de construir una relación positiva con tu hijo.

- No sientas que tienes que pasar cada minuto ocupando el tiempo de tu hijo. Los niños deben aprender a entretenerse por ellos mismos.

- No pienses que tienes que ser el mejor amigo de tu hijo. Necesitas centrarte en la relación con él, pero recuerda que eres su padre.

39

No abrumes a tu hijo con tus problemas

Mi madre siempre le echaba la culpa a mi padre por no darnos suficiente dinero. Mi padre solía decirme que mi madre malgastaba mucho del dinero que le daba.

Juan, diecisiete años.

Durante y después del divorcio, muchos padres tienen pocas personas, si es que tienen alguna, con quien hablar sobre sus preocupaciones: sentimientos por su excónyuge, dificultades económicas, sentimientos de aislamiento y negativos sobre uno mismo. Esto no es beneficioso, puesto que es fundamental tener un sistema de apoyo para hacer frente al estrés del divorcio (consulta la Estrategia n° 8, «Desarrolla tu sistema de defensa»). Cuando no existe un sistema de defensa fuerte, algunos padres se vuelven hacia sus hijos, en especial adolescentes, en busca de apoyo. Como Mavis Hetherington de la Universidad de Virginia ha señalado, los padres a menudo reclaman a sus hijos para que les proporcionen apoyo afectivo o incluso actúen como sus consejeros o confidentes. Además, muchos niños pueden hacerse cargo de tareas domésticas por el padre, como planificar y preparar las comidas o tomar decisiones sobre los hermanos más pequeños.

Los hijos y el divorcio

No es bueno ni para ti ni para tu hijo que pongas responsabilidades personales, preocupaciones ni problemas en sus manos. Un niño ya tiene bastantes preocupaciones y problemas cuando sus padres se divorcian sin tener que hacer frente a las preocupaciones y problemas de su padre. En cuanto a las responsabilidades familiares y de la casa, los niños deben tener unas tareas y responsabilidades rutinarias acordes con su edad y habilidades. Resulta un problema cuando un hijo se tiene que hacer cargo de las responsabilidades parentales, como cuidar a sus hermanos más pequeños.

Para la mayoría de las familias, los problemas económicos son algo natural pero muy desagradable después del divorcio. Cuando dos personas se divorcian, los gastos de la vida diaria aumentan para ambos. Esta nueva situación económica, menos desahogada, puede tener muchas consecuencias. Como John Grych de la Universidad de Marquette y Frank Fichman de la Universidad de Buffalo han señalado, una disminución en los ingresos familiares puede desembocar en tener una casa peor, vivir en un vecindario más humilde, estudiar en un colegio peor y tener menos calidad de vida. El divorcio a menudo provoca problemas económicos que pueden ser muy estresantes para los padres.

Algunos padres divorciados permiten que los problemas económicos dominen sus vidas (sus pensamientos, conversaciones y comportamiento). Si esto te sucede, tu hijo puede llegar a abrumarse con tus problemas económicos. Está claro que las dificultades económicas afectarán a tu hijo. Sin embargo, por su bienestar, debes intentar protegerlo de exponerlo a todos tus problemas y preocupaciones económicas. Tu hijo necesita sentirse seguro de que tú puedes hacer frente a estas preocupaciones y problemas, incluidos los económicos, de una manera eficaz.

Recomendaciones:

- Evalúa cuidadosamente los temas de conversación con tu hijo. Puedes escribirlos en un diario. Si descubres que tus conversaciones se están centrando en *tus* problemas personales, necesitas hacer un cambio.

39. No abrumes a tu hijo con tus problemas

- No abrumes a tu hijo con tus preocupaciones personales. Si necesitas alguien que te escuche, te aconseje y te apoye de manera sistemática, busca a un adulto, no a tu hijo. Si no tienes un buen sistema de apoyo, trabaja para construir uno (consulta la Estrategia n° 8, «Desarrolla tu sistema de defensa»).

- Evalúa cuidadosamente las responsabilidades que le das a tu hijo. ¿Han aumentado desde el divorcio? Si es así, pregúntate a ti mismo si tu hijo está haciendo tareas adecuadas y si no son responsabilidad de un padre.

- Negocia los temas económicos directamente con el otro padre. No involucres a tu hijo. Él no debe estar preguntando a su otro padre por dinero para ropa, ocio o cualquier otra cosa. Las finanzas son temas de adultos que deben ser tratados entre tu excónyuge y tú.

- Explica los cambios económicos a tu hijo de una manera sencilla. Para niños pequeños, es suficiente una breve explicación, como «No vamos a poder hacer las mismas cosas que solíamos hacer porque no tenemos tanto dinero desde que mamá y papá ya no viven juntos». Para niños mayores, es necesario una explicación más detallada puesto que es más normal el «tira y afloja» con ellos, en concreto con los adolescentes.

- No eches la culpa a tu excónyuge de los problemas económicos. Puede que sea el responsable principal; sin embargo, tu hijo no necesita oír esto y verse en medio del conflicto económico.

- No hables continuamente de los problemas económicos. De nuevo, el divorcio es un tema de adultos. Como ya se lo has explicado a tu hijo en una o varias ocasiones, no sigas abrumándole con esto.

- Si estás teniendo graves problemas y no obtienes el apoyo y la ayuda necesaria de tus familiares o amigos, considera la posibilidad de buscar ayuda profesional.

40

Sé un buen ejemplo de cómo afrontar el divorcio

«Recuerdo que mi madre siempre se derrumbaba
y se ponía a llorar. No sabía qué hacer».

Lynn, dieciséis años.

Tus hijos aprenderán más de tus acciones que de tus palabras. Tus acciones en cuanto a cómo afrontar el divorcio enviarán mensajes muy importantes a tus hijos.

Estas acciones les indicarán lo preocupados que deben estar por el divorcio y les enseñarán a hacer frente al estrés. También le enseñarán a tu hijo cómo actuar con otras personas que pueden hacerle enfadar. Las lecciones aprendidas dependerán de ti.

Como ya indicamos anteriormente, los niños, en especial los pequeños, buscan en sus padres signos que les indiquen si deben preocuparse o inquietarse por el divorcio. Si ven que sus padres tienen el control y afrontan las cosas de manera relativamente práctica, tenderán a sentirse más seguros y a preocuparse menos. Por el contrario, si ven que sus padres están muy alterados y tienen graves problemas emocionales, se sentirán menos seguros y más preocupados por el divorcio y su futuro.

40. Sé un buen ejemplo de cómo afrontar el divorcio

Tu hijo también aprenderá de ti a hacer frente al estrés y a tratar con personas que le hagan enfadarse y alterarse. Tu excónyuge y tú serviréis de modelos para tales aprendizajes. ¿Aprenderá tu hijo a gritar, colgar el teléfono airadamente, hacer amenazas y criticar a otros en su vida? ¿O aprenderá a controlar su enfado y a tratar con personas y situaciones estresantes de una manera eficaz y natural? La elección es tuya.

Veamos lo que Helen nos dijo, «Una noche mi ex y yo nos enzarzamos a gritos por teléfono. Pensaba que nuestra hija de cuatro años estaba durmiendo, pero después de colgar el teléfono me di cuenta de que Mary lo había escuchado todo. A la siguiente semana, su profesora de preescolar me llamó para decirme lo que había pasado en el colegio. Ella y otra niña de su edad habían decidido jugar a los papás y las mamás con una muñeca que hacía de su bebé. Estaban haciendo como si hablaran por teléfono entre ellas cuando de repente Mary empezó a gritar. Cuando la profesora me dijo lo que había dicho, me di cuenta de que era exactamente lo mismo que yo le había dicho a mi exesposo por teléfono unos días antes».

Recomendaciones:

- Tú eres el principal profesor de tu hijo. Asegúrate de que tus acciones le enseñen a hacer frente al divorcio y a otras situaciones estresantes de manera eficaz.

- No esperes que tu hijo haga frente al estrés mejor que tú.

- Si estás pasando por malos momentos para adaptarte al divorcio, repasa la Parte 2ª del libro.

41

Haz frente a las expectativas poco realistas de tu hijo

¡Un año recibí una tarjeta por San Valentín de mi exesposo!
Mientras la miraba, me di cuenta de que nuestra hija la había
falsificado. Era su intento de que volviéramos a estar juntos.

Marilyn, treinta y un años, madre de dos niños.

Cuando los padres se divorcian, los niños tienen numerosas esperanzas que no son realistas sobre lo que va a pasar. Esto sucede porque se encuentran en una situación en la que tú, como padre, tomas todas las decisiones y ellos no intervienen. Muchas de sus expectativas son irreales porque se basan en sus deseos y no en la realidad.

¿Cuáles son algunas de estas expectativas poco realistas que los niños pueden tener? La más común es que muchos niños creen que sus padres van a volver a estar juntos. Esta es una esperanza o deseo que puede mantenerse durante años, incluso después de que uno de los dos padres vuelva a casarse. Esta fantasía de reunificación puede fortalecerse si un niño ve que sus padres son cariñosos entre ellos. Este es el motivo por el que es tan importante volver a establecer tu relación con tu excónyuge (consulta la Estrategia n° 16, «Redefine tu relación con tu excónyuge»).

41. Haz frente a las expectativas poco realistas de tu hijo

¿Cómo actuarás si tu hijo te pregunta si vais a volver a estar juntos? Debes indicarle clara e inequívocamente que eso no sucederá.

A continuación se muestra un ejemplo en el que una madre le explica este tema a su hijo pequeño. Pregunta el chico: «¿Volverá papá a vivir alguna vez con nosotros?». Su madre responde: «No, él ya no volverá a vivir con nosotros. Pero él te sigue queriendo mucho y recuerda que nunca dejará de ser tu padre».

La conversación entre el niño y la madre resalta la idea de que muchos niños piensan lo mismo, y algunos, como éste, preguntan. Su madre ha tratado directamente el tema sobre si su padre volverá a vivir con ellos. De gran importancia, ella también ha hecho énfasis en que, aunque ya no va a volver a vivir con ellos, siempre querrá a su hijo y seguirá siendo su padre.

Veamos otro tipo de esperanza irreal que algunos niños tienen: que sus padres estén juntos en las vacaciones. Si las vacaciones han sido una fecha importante para la familia, un niño puede pensar que en esos días especiales todos podéis estar juntos y divertiros juntos como hacíais antes. Esta situación no es nada realista y debe ser tratada simple y directamente. Explica a tu hijo que sería estupendo que todos pudierais pasar las vacaciones juntos como solíais hacer cuando erais una familia; sin embargo, ya no es posible hacerlo. Vuelve a asegurar a tu hijo que ambos le queréis y queréis pasar tiempo con él de manera individual, y uno de los dos estará con él en sus vacaciones (consulta la Estrategia n° 20, «Organizar cumpleaños, vacaciones y fechas importantes», para obtener más información).

Veamos una última expectativa falsa que tu hijo puede tener: que nunca tengas citas. Recuerda que tu hijo sigue queriendo a tu excónyuge aunque tú ya no. Por lo tanto, puede resultarle difícil entender que estés saliendo con otra persona. Debes explicarle que sus sentimientos hacia tu excónyuge son exactamente los que deberían ser; sin embargo, tú ya no quieres al otro padre de manera romántica, y tras un divorcio es normal que la gente empiece a tener citas (consulta la Estrategia n° 47, «Piensa en cuándo y cómo presentar a tus citas»).

Recomendaciones:

- Haz frente directamente a las esperanzas nada realistas que tu hijo tenga.

- Incluye en tus explicaciones a tu hijo que ambos le seguís queriendo y que ambos seguiréis siendo sus padres.

- Intenta hacer comprender a tu hijo que hay cosas que él puede cambiar y otras que no. Puede controlar cosas que están relacionadas directamente con él. Por ejemplo, puede elegir algunas de las actividades que hará contigo y puede escoger la ropa que quiere ponerse. Sin embargo, hay otras cosas que él no puede cambiar. Estos son asuntos sobre los que los adultos toman las decisiones.

42

No compares a tu hijo con tu excónyuge negativamente

Mi madre siempre me decía que tenía el mismo mal genio que mi padre. Odiaba que me dijera eso.

Erica, dieciséis años.

Tu hijo es como *cada* uno de sus padres, tanto por los genes que le transmitís como por las experiencias que ha tenido con cada uno de vosotros. A través de esas influencias, transmites características físicas y otras cosas como peculiaridades, talentos, habilidades interpersonales y características sobre la personalidad. Algunas de estas cualidades que transmites a tu hijo serán positivas y otras, negativas.

Por desgracia, debido a la hostilidad y a otras emociones negativas relacionadas con el divorcio, puedes tender a ver a tu excónyuge como una persona con características mucho más negativas que positivas. Por lo tanto, tiendes a centrarte y a pensar en esas cualidades negativas que tiene más a menudo que en las positivas. De hecho, no es sorprendente que observes características y comportamientos negativos en tu hijo que sean similares a los de tu excónyuge con mayor facilidad y frecuencia que observas características similares positivas. Si descubres que estás comparando a tu hijo con tu excónyuge en los comportamientos negativos, asegúrate de quedártelo para ti mismo y no hacer ninguna afirmación del tipo:

«Estás ignorando lo que digo, igual que tu padre».

«¡Te enfadas igual que tu madre!»

«Nunca me ayudas. Primero era tu padre el que se sentaba y no hacía nada y ¡ahora eres tú!».

«Eres tan malvada como tu madre».

Los comentarios de este tipo no benefician a nadie. Hacen que los niños se sientan mal sobre sí mismos y es muy probable que les hagan defender a tu excónyuge. Esto sólo puede conducir a provocar una disputa entre vosotros dos.

Es también importante resaltar que comparar a tu hijo con tu excónyuge en los comportamientos negativos puede tener un efecto dañino en él aunque no le digas nada directamente. Por ejemplo, puedes estar quejándote por teléfono sobre el comportamiento de tu hijo y lo parecido que es al de tu excónyuge. Tu hijo puede oírlo. Además, la persona con la que estás hablando por teléfono puede decirle algo a su hijo, y que éste a su vez se lo diga al tuyo.

Recomendaciones:

- No compares negativamente a tu hijo con tu excónyuge, directa o indirectamente.

- Si tu hijo actúa de forma incorrecta, habla sobre estos comportamientos directamente con él sin hacer ninguna comparación con tu excónyuge.

- Intenta ver y descubrir las cualidades positivas que tu hijo ha adquirido de tu excónyuge. Seguro que hay algunas.

43

Acepta el amor de tu hijo por su otro padre

Todavía recuerdo la mirada fría que mi madre me lanzó cuando me oyó decirle a mi padre por teléfono que le quería.

Allison, catorce años.

Como ya hemos indicado varias veces, sólo porque el amor entre tu excónyuge y tú ya no exista, el amor de vuestro hijo hacia vosotros no tiene por qué terminar. De hecho, su amor por cada uno de vosotros y vuestro amor por él son esenciales para ayudarle a adaptarse al divorcio. Es muy importante que vuestro hijo tenga la libertad de amaros a los dos y de pasar tiempo con cada uno de vosotros. Además, tienes que recordar que, sólo porque tu hijo ame a tu excónyuge, no significa que te quiera menos a ti. Como ya hemos indicado anteriormente, los niños se sienten atrapados en el medio cuando los padres no pueden aceptar que su hijo quiere a ambos y que quiere pasar tiempo con los dos.

Los comentarios de Amy resaltan la importancia de este hecho. «Uno de los regalos más grandes que mis padres me dieron tras su divorcio fue su apoyo y su estímulo para que mantuviera la relación con ambos. Mi padre siempre me recordaba el cumpleaños de mi madre y el día de la Madre.

Incluso me llevaba a las tiendas para que le comprara un regalo. Mi madre hacía lo mismo. Incluso me animaba a que hiciera cosas que a mi padre le gustaban (dibujos y punto de cruz). En los quince años pasados desde su divorcio, he tenido la oportunidad de hablar con mucha gente de mi edad cuyos padres están divorciados. Después de escuchar las historias sobre sus padres, me he dado cuenta de lo afortunada que soy al tener unos padres que realmente me quieren».

Recomendaciones:

- Acepta y estimula el amor de tu hijo por tu excónyuge. Es natural y beneficioso para él querer hablar sobre su otro padre y hacer cosas para él; permite que esto suceda.

- Separa tus sentimientos hacia tu excónyuge de los de tu hijo hacia él. Es difícil, pero es una parte importante de tu rol como padre.

- Anima a tu hijo a que hable por teléfono, escriba cartas o correos electrónicos a su otro padre. Representan una oportunidad, además de las visitas, de comunicarse y expresar su amor por el otro padre.

Parte 6ª

La importancia de otras relaciones

44

Respeta las relaciones entre hermanos

De no haber sido por mi hermana, no sé qué habría hecho. Ella me ayudó realmente durante el divorcio de nuestros padres.

Liz, catorce años.

Como hemos insistido en repetidas ocasiones, *ambos* padres tienen un papel esencial a la hora de ayudar a los niños a adaptarse al divorcio. Otros, entre los que se incluyen los amigos y los parientes, también son importantes. Si tu hijo tiene uno o varios hermanos, pueden desempeñar un papel importante durante y después de tu divorcio. Después de todo, los hermanos suelen pasar más tiempo entre ellos que el que pasan con sus padres.

Los hermanos son leales durante el divorcio parental. Como Lori Kaplan y sus colegas de la Universidad de Miami han señalado, los hermanos pueden proporcionar un mundo seguro y predecible en una familia que se está disolviendo. Algunos padres nos han hablado sobre cómo los hermanos se apoyan y consuelan entre ellos durante el divorcio. El hermano mayor suele adoptar el papel protector y, con su nueva responsabilidad, sentir que «está haciendo algo». El hermano menor suele mirar al mayor en busca de tranquilidad, estabilidad y comprensión sobre lo que está pasando en el proceso del divorcio.

Está claro que los hermanos se pueden dar entre ellos varios tipos de apoyo: apoyo emocional, consejo, información y compañía. Todos ellos conllevan un acercamiento en la relación de los hermanos, asociada a una mejor adaptación para ambos hijos.

Sin embargo, este acercamiento no se producirá automáticamente durante y después del divorcio. De hecho, algunas investigaciones llevadas a cabo por Mavis Hetherington y sus colegas de la Universidad de Virginia sugieren que los hermanos a menudo son más negativos entre ellos cuando sus padres se divorcian. Además, los adolescentes a menudo empiezan a distanciarse de sus hermanos más pequeños cuando sus padres se divorcian. Por tanto, aunque los hermanos puedan ser una fuente de apoyo entre ellos, debes ayudar a que esto suceda.

¿Qué puedes hacer para animar a tus hijos a ayudarse durante el divorcio? Recomendaciones:

- Trabaja en fortalecer la relación con tu hijo; esta es una de las cosas más importantes que puedes hacer. Como Hetherington y sus colegas han mostrado, la calidad de la relación entre hermanos de familias divorciadas está unida estrechamente a la calidad de la relación que sus padres tengan con cada uno de los hijos. Debes ser positivo con tu hijo y demostrar una disciplina constante. Además, es importante no mostrar tratos preferenciales por uno de los hermanos sobre el resto. El trato preferencial conducirá a que los hermanos tengan unos sentimientos hostiles y celos hacia el otro e interferirá en el desarrollo de una relación positiva entre ellos.

- Admite que un hermano puede desempeñar un papel que tú no puedes, puesto que tú eres una de las personas que se está divorciando. Tus hijos, a menudo, acudirán a otras personas, entre las que están sus hermanos, que ellos consideran que tienen un punto de vista imparcial.

- No estés celoso por la relación que tengan tus hijos. Si pueden darse apoyo, facilitará la adaptación de todos.

- No separes a tus hijos. Te instamos encarecidamente a que evites la custodia dividida, en la que unos hijos están bajo la custodia de un padre y viven con él y otros hijos están y viven bajo la custodia del otro padre.

45

Anima a tu hijo a relacionarse con el resto de la familia

Pasé mucho tiempo con mis abuelos mientras mis padres se estaban divorciando. Era un alivio estar apartado de todo lo que estaba pasando entre mis padres.

Scott, catorce años.

Los hijos no son únicamente miembros de su familia más cercana (los abuelos, tíos y primos a menudo son otros miembros de la familia muy importantes). Esto incluye no sólo a aquellos miembros de tu familia sino también a los de la familia de tu excónyuge. Sólo porque os estéis divorciando u os hayáis divorciado no quiere decir que tu hijo se esté «divorciando» de sus familiares. De hecho, durante el divorcio, estos familiares pueden desempeñar un papel importante para fomentar la adaptación de tu hijo.

La mayoría de las cosas que sabemos sobre lo que sucede entre los niños y sus familiares cuando sus padres se divorcian provienen de examinar las relaciones de los niños con sus abuelos durante este proceso. Por supuesto, y esto no es sorprendente, a menudo existe un lazo especial entre abuelos y nietos. De hecho, desde la perspectiva de muchos niños, es de sus abuelos de quienes a menudo obtienen mayor apoyo y seguridad durante el divorcio.

45. Anima a tu hijo a relacionarse con el resto de la familia

Cuando se produce un divorcio, la frecuencia de contacto y la involucración que un abuelo tiene con su nieto (por ejemplo, el nieto pasa la noche con sus abuelos) depende en gran medida de si el abuelo es el padre del padre que tiene la custodia o del que no la tiene. Puesto que las madres suelen ser las que tienen la custodia, es más probable que sus padres (los abuelos maternos) tengan mayor contacto y estén más involucrados con sus nietos que los abuelos paternos.

¿Cuál debe ser el papel de los padres del padre que tiene la custodia? W. Glen Clingempeel de la Universidad de Francis Marion y sus colegas han señalado que estos abuelos a menudo actúan como «bomberos voluntarios». Es decir, cuando hay un problema en la familia, como demasiado estrés para la madre, estos abuelos, como los bomberos voluntarios, vienen y proporcionan ayuda. Una vez que las cosas vuelven a su normalidad, se retiran, de nuevo como los bomberos voluntarios. Esto no quiere decir que los abuelos sólo estén en contacto y se involucren con sus nietos cuando existan problemas; sin embargo, sí significa que tienen que tomar un papel distinto cuando hay tensión en la familia con respecto a cuando no la hay. En momentos de tensión, estos abuelos deben estar dispuestos a ayudar a solucionar los problemas y a proporcionar desahogo. Cuando disminuyen las tensiones, es cuando los abuelos deben centrarse en mantener y fortalecer la relación con sus nietos.

Thomas Hanson y sus colegas de la Universidad de California han descubierto que con el divorcio aumenta el contacto de la madre que tiene la custodia con sus padres. Como acabamos de indicar, esto no es sorprendente, puesto que muchas madres que tienen la custodia a menudo llaman a sus padres en busca de ayuda. Hanson y sus colegas también han descubierto que, desafortunadamente, con el aumento de la relación entre una madre y sus padres, la calidad de su relación se deteriora. Esto sugiere que si eres el padre que tiene la custodia y buscas en tus padres ayuda, necesitas indicar claramente cuál es tu papel como padre de tus hijos y cuál el de los abuelos. Además, recuerda que éste también puede ser un período estresante para tus padres tanto como para ti. Tienes que comunicarte claramente y nutrir tu relación con tus padres de igual forma que debes fortalecer la relación con tus hijos.

Los hijos y el divorcio

¿Qué pasa con los otros abuelos, normalmente los paternos? A menudo desempeñan un papel muy distinto. Por desgracia, para muchos de estos abuelos, no es extraño que disminuya el contacto y la involucración con sus nietos tras el divorcio. Y, como resultado, tanto los abuelos como los nietos indican que se sienten menos cerca y menos satisfechos con su relación. Como Gary Creasey de la Universidad del Estado de Illinois ha señalado, los abuelos pueden mantener la relación con sus nietos esforzándose (ya que en muchos casos supone un verdadero esfuerzo) por mantener el contacto, incluso si es por teléfono. Puede ser más duro para los abuelos paternos mantener y fortalecer las relaciones con sus nietos, pero vale la pena porque las relaciones con *ambos* abuelos son importantes en cuanto a que proporcionan a los niños de padres divorciados una estabilidad en sus vidas.

Lo que sabemos sobre los abuelos de igual forma se puede aplicar a otros miembros de la familia. Los tíos y primos a menudo han desempeñado y pueden seguir desempeñando un papel importante en la vida de tu hijo. Estos papeles pueden ser proporcionar una estabilidad a tu hijo, actuar como modelos a seguir, ser compañeros de juegos e incluso ser historiadores de los orígenes familiares. Estos son papeles importantes para cualquier niño, pero en particular para un niño cuyos padres se están divorciando.

Por último, queremos destacar «los derechos de los abuelos». En los últimos años, los medios de comunicación se han centrado especialmente en estos derechos. Estos incluyen el derecho básico de un abuelo a poder seguir manteniendo una relación con su nieto tras el divorcio de los padres. Por desgracia, el grado de hostilidad que se produce en algunos divorcios involucra también a los abuelos, y algunos padres tratan de eliminar, o limitar lo máximo posible, el contacto de sus hijos con los abuelos. Dichos casos han llevado a los abuelos a reivindicar unas acciones legales que garanticen su derecho a continuar estando en contacto con sus nietos.

Queremos dejar claro que cuando los abuelos se ven envueltos en las hostilidades que rodean a un divorcio, los niños también sufren. Los abuelos necesitan proporcionar un refugio frente a estas hostilidades, no otro campo

172

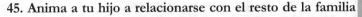

de batalla. Es muy importante que tu excónyuge y tú habléis con vuestros padres y les pidáis que no hagan las cosas más difíciles al exponer todavía más a tus hijos al ambiente negativo del divorcio. Quizás quieras compartir este libro con ellos para que puedan entender mejor las cosas que pueden hacer para ayudar a minimizar los efectos negativos del divorcio en sus nietos.

Recomendaciones:

- Mantén el contacto y la involucración constante con otros miembros de la familia de *ambas* partes.

- Recuerda que tus familiares y los de tu excónyuge pueden desempeñar papeles distintos en la vida de vuestro hijo; a menudo dependen de quién sea el padre que tiene la custodia del niño.

- Si eres el padre que tiene la custodia, debes llamar a tus padres cuando necesites ayuda, si es posible; sin embargo, también tienes que dejar claro tu papel como padre de tu hijo y su papel como abuelos. Los padres del padre que tiene la custodia suelen tener más contacto y estar más involucrados con sus nietos que los abuelos del padre que no tiene la custodia. El papel de estos abuelos en los momentos de estrés y crisis es muy importante. Los abuelos del padre que no tiene la custodia son igual de importantes pero a menudo desempeñan un papel distinto. Estos miembros de la familia pueden ser menos activos en la vida de tu hijo; sin embargo, es importante que se mantenga la relación de tu hijo con estos abuelos y otros miembros de esa parte de la familia. Tanto si eres el padre que tiene la custodia como si no, tenéis que trabajar por mantener la relación entre tu hijo y *ambos* abuelos, así como la de otros miembros de la familia, tanto de tu parte como de la de tu excónyuge.

- Si vives lejos de tus familiares, tendrás que hacer un esfuerzo extra para que tu hijo y tú sigáis manteniendo el contacto con ellos. Recuerda que una buena forma de mantener los canales de comunicación abiertos entre tu hijo y sus familiares es el teléfono, las cartas y los correos electrónicos.

- Dile a tus familiares que deben borrar los sentimientos personales que tengan sobre el divorcio y hacia tu excónyuge de su relación con tu hijo. Tu hijo necesita relaciones beneficiosas con ellos, no estar expuesto a más hostilidades.

46

Ayúdale a afrontar que el otro padre se desentienda

¿Cómo pudo salir mi padre de mi vida de esa forma?
Yo pensaba que me quería.

Kyle, catorce años.

Por desgracia, hay muchos estudios que indican que los padres que no tienen la custodia a menudo no se siguen relacionando con sus hijos. Existen multitud de razones para que esto se produzca, como problemas de salud mental o abuso de sustancias, sentimiento de culpa, conflicto con el otro padre, problemas económicos o centrar las energías en nuevas relaciones. Como ya hemos tratado anteriormente, es importante el contacto frecuente y predecible con el padre que no tiene la custodia (consulta la Estrategia n° 18, «Asegura el contacto entre tu hijo y su otro padre») y hay cosas que puedes hacer para conseguir que tu excónyuge se involucre con tu hijo si eres el padre que tiene la custodia (consulta la Estrategia n° 17, «Fomenta la relación con el padre que no tiene la custodia»). Sin embargo, a pesar de tus mejores esfuerzos, muchos padres que no tienen la custodia se desentenderán.

Por suerte, la investigación sugiere que una relación positiva fuerte con un padre ayuda a amortiguar el impacto negativo de tener una relación pobre o ninguna relación con su otro padre. Mientras que tener una relación fuerte con tu hijo no compensará totalmente la ausencia de tu excónyuge, puede ayudar mucho a tu hijo a adaptarse al hecho de tener un padre que no tiene contacto con él.

La historia de Jane proporciona un ejemplo sobre esto. «Una vez que mis padres se hubieron divorciado, mi padre se mudó a otra ciudad a unos cuarenta minutos de distancia. Al cabo de un par de años se volvió a casar y apenas lo veíamos. No siempre llamaba en nuestros cumpleaños. No venía a vernos ni a mi hermana ni a mí a jugar al fútbol o al baloncesto. Lo invitábamos, pero no venía. Como mi madre tenía que hacer las veces de madre y de padre, mi hermana y yo siempre le comprábamos una tarjeta por el Día de la Madre y otra por el Día del Padre. Era nuestra forma de darle las gracias por ser tan buen padre».

Si eres el padre que tiene la custodia, ¿qué puedes hacer para ayudar a tu hijo a afrontar que su otro padre no se involucra? Recomendaciones:

- Anima a tu hijo a que exprese sus sentimientos convenientemente (consulta la Estrategia n° 30, «Anima a tu hijo a expresar sus sentimientos»). Mantener su tristeza o su enfado reprimido no ayudará.

- No critiques al otro padre por su falta de participación; en su lugar, anima a que se involucre. Hazle saber que su relación con vuestro hijo siempre será bienvenida.

- No critiques la falta de participación de tu excónyuge delante de tu hijo. Ten en cuenta sus sentimientos y deja que llegue a sus propias conclusiones sobre su otro padre sin tu influencia directa o indirecta.

- Si tu excónyuge no se involucra con tu hijo debido a problemas de salud mental o a abuso de sustancias, busca la ayuda de un profesional o de organizaciones como Al-Anon en España (teléfono 932 012 124; página Web, www.viasalus.com/asociaciones/alanon/) para que ayuden a tu hijo a entender lo que está pasando con su padre.

- Sé consciente de que no puedes realizar el papel de ambos padres. Independientemente de lo mucho que te esfuerces por hacer todo lo que normalmente harían dos padres, no puedes. Sé el mejor padre que puedas, pero sé consciente de que no puedes, por ti mismo, compensar la falta de involucración de tu excónyuge.

- Involucra a otras personas que pueden hacer de figuras de «padre», como un abuelo, un tío o alguien de fuera de la familia, como un entrenador o un profesor.

- Trabaja por fortalecer la relación con tu hijo y por mejorar tus habilidades parentales para ayudarle a hacer frente al hecho de que su otro padre no se involucra.

47

Piensa en cuándo y cómo presentar a tus citas

Mi madre fue a una cita, con alguien a quien ni siquiera conocía, para «celebrar» su divorcio. No se dio cuenta del daño que me hizo. Era un momento triste para mí y sentía que no había nada que celebrar.

Jason, catorce años.

Muchos padres que se divorcian, en concreto los que han sido «abandonados», están preparados para «renunciar» a futuras relaciones sentimentales. Sienten que se les ha herido tan profundamente que nunca podrán volver a relacionarse con nadie más. Si estás teniendo estos sentimientos, es muy importante que sepas que normalmente no duran. La mayoría de las mujeres y hombres que se divorcian vuelve a casarse. Además, entre aquéllos que no se vuelven a casar, casi siempre se produce una relación sentimental en algún momento tras el divorcio.

Cuando empieces a pensar en salir con alguien, plantéate en cómo os afectará a tu hijo y a ti. Como Robert Emery de la Universidad de Virginia ha señalado, las citas deberían ser algo normal tras el divorcio; sin embargo, no es un proceso sencillo. Lo más probable es que cargues con el «bagaje emocional» de tu matrimonio y pienses más en tu hijo que en ti.

47. Piensa en cuándo y cómo presentar a tus citas

Puesto que salir con alguien es algo normal tras el divorcio, debes sentirte a gusto con la idea de hacerlo. Sin embargo, cuando empieces a pensar en salir con alguien, examina detenidamente los motivos para hacerlo. ¿Es porque tu excónyuge sale con alguien? ¿Es una forma de castigar a tu excónyuge? Existen multitud de razones para salir con alguien y la mayoría, por supuesto no todas, son buenas. Por ejemplo, compañía, apoyo y diversión son buenas razones para hacerlo.

Tras examinar los motivos, debes considerar lo difícil que puede ser para tu hijo tu primera cita. Lo más probable es que no sea fácil para él. Como Christie nos dijo: «Cuando mi madre empezó a salir, lo odiaba. Me enfadaba tanto cuando veía a mi madre besar a una de sus citas. Recuerdo que pensaba que ella iba a empezar a quererle y que entonces no me iba a querer a mí tanto. ¡Estaba realmente celosa!».

Existen muchas causas por las que a tu hijo le preocupe que salgas con alguien, como sentimientos de rechazo personal, sentimientos por los que no desea compartirte con nadie más y pensamientos en los que se cree que estás reemplazando a tu excónyuge por otra persona. Estas no son cuestiones sencillas para un niño. De hecho, no son cuestiones sencillas para tu hijo incluso si es mayor y está independizado.

Recomendaciones:

- No empieces a tener citas justo después del divorcio. Dale a tu hijo la oportunidad de adaptarse al divorcio antes de pasar a la siguiente etapa.

- Antes de empezar a salir con alguien, considera si tu hijo está preparado para ello. No estamos diciendo que no vayas a salir con alguien por tu hijo; sin embargo, si todavía está teniendo problemas con el divorcio, puede ser muy difícil para él introducir un nuevo cambio en su vida.

- Cuando tengas la oportunidad de salir con alguien, examina detenidamente los motivos que te han llevado a decidir salir con esa persona.

- Si has decidido salir con alguien, no se lo escondas a tu hijo. Esto le producirá más inseguridad y temor sobre el futuro.

- Dile a tu hijo de antemano que vas a salir una noche con alguien. Dile que le quieres, la hora en la que regresarás a casa y quién va a cuidar de él. Si tu hijo te pregunta si es una cita, puedes decirle lo siguiente: «Puedes llamarlo cita, pero a mí me gusta pensar que es salir con un nuevo amigo».

- Normalmente, no es una buena idea que tu hijo conozca a tus citas el primer día. Sobre todo si piensas que vas a salir con mucha gente distinta. No querrás confundir a tu hijo presentándole a cantidad de extraños a los que quizás no vuelva a ver más. Sin embargo, si te recogen en tu casa, necesitarás presentárselo brevemente. Hazlo de manera natural: «Jimmy, éste es el señor Jones. Él y yo vamos a ir a cenar juntos y, después, volveré a casa». Por el contrario, si estás saliendo con alguien a menudo, es adecuado que tu hijo pase algún tiempo con tu cita.

- Si tu hijo está despierto cuando vuelvas, cuéntale algo que hayas hecho durante tu cita. De esta forma, le darás permiso para que pregunte cosas sobre tu cita. Si está dormido cuando llegues a casa, espera hasta el día siguiente y cuéntaselo entonces.

- Recuerda siempre decirle a tu hijo que le quieres.

- No dejes que tus citas interfieran en el tiempo que pasas con tu hijo.

- Nunca pidas a tu hijo que mantenga en secreto y no le diga a tu excónyuge que estás saliendo con alguien.

48

Afronta eficazmente nuevas combinaciones familiares

Cuando mi padre me dijo por primera vez que se iba a casar con
su novia, me preocupaba que se mudaran a Illinois, de donde ella
era, y no volviera a verlo nunca más.

Sheila, doce años.

Como Robert Emery de la Universidad de Virginia ha indicado, alrededor del 75 por ciento de los hombres divorciados y el 66 por ciento de las mujeres divorciadas se vuelven a casar. Además, muchos de los que no se vuelven a casar viven con una pareja. Estas cifran señalan un aspecto importante del divorcio en los Estados Unidos: muchos niños van a vivir en una nueva combinación familiar tras el divorcio de sus padres.

Si tú, tu excónyuge o ambos, decidís volver a casaros, las posibles combinaciones familiares son casi infinitas. Pensemos en ello un momento. Si te divorcias y te casas con alguien que está divorciado y tiene hijos, tu hijo vivirá con vosotros la mayor parte del tiempo. Sin embargo, al mismo tiempo, los hijos de tu nuevo cónyuge pueden vivir contigo y con tu hijo. Puede haber otros momentos en los que tu hijo viva con tu excónyuge y posiblemente su nueva pareja. Además, esa nueva pareja puede tener hijos que sean parte de la nueva familia de tu excónyuge en determinados momentos. Puede llegar a ser muy complicado.

Se ha escrito mucho sobre los niños y el nuevo matrimonio de los padres tras el divorcio; en realidad, existen pocos estudios que puedan proporcionarnos conclusiones sobre si volver a casarse es bueno o malo para los niños. Los estudios existentes parecen sugerir que los chicos preadolescentes suelen pasarlo mejor en las familias que se han vuelto a casar que en familias monoparentales divorciadas. Algunos han indicado que esto se debe a que un chico, que normalmente vive con la madre tras el divorcio, ahora tiene un modelo masculino en casa. Por el contrario, los estudios existentes sugieren que las chicas preadolescentes parecen pasarlo peor en familias en las que los padres se han vuelto a casar que en familias monoparentales divorciadas. Algunos han indicado que esto se debe a que, tras el divorcio, una chica puede desarrollar una relación más estrecha con su madre y, si se vuelve a casar, esta cercanía puede disminuir puesto que la madre vuelve a centrar parte de su tiempo y energía en el nuevo matrimonio.

Cuando se considera a niños en la adolescencia, no parecen existir tantas diferencias entre chicos y chicas en cuanto a la adaptación al nuevo matrimonio; sin embargo, la adolescencia ha sido vista por algunos como la edad más difícil para que los padres se vuelvan a casar. Esto se debe, en parte, a que la adolescencia es la etapa en la que los niños normalmente empiezan a alejarse de la familia y, con la introducción de otro adulto en la misma, los adolescentes pueden llegar a separarse aún más.

De nuevo, debemos señalar que en estos momentos son muy pocos los estudios científicos que apoyan las afirmaciones que acabamos de hacer. Quizás el aspecto más importante que debes considerar es que, con el nuevo matrimonio, necesitas planificar cuidadosamente y centrarte en la relación con tu hijo. No hay nada más esencial que una relación fuerte y una buena paternidad en los momentos de transición. Además, lo que probablemente es más significativo para la adaptación de tu hijo es cómo afrontas tu nuevo matrimonio y tu paternidad durante este tiempo (no si te vuelves a casar).

Recomendaciones:

- Si llevas un tiempo saliendo con alguien y la relación está empezando a ser tan seria como para plantearte el matrimonio, mantén a tu hijo informado sobre tus sentimientos hacia esa persona. Esto no quiere decir que tengas que tratar inmediatamente con tu hijo que quizás vuelvas a casarte, sino que debes comunicarle tus sentimientos hacia esa persona para que el anuncio de boda no sea un shock total para él.

- Si decidís casaros, fija dos semanas en las que podáis decidir juntos los detalles prácticos: qué le diréis a tu hijo, qué haréis sobre acuerdos económicos y la casa (por ejemplo, ¿os mudaréis tu hijo y tú, o se mudará tu nuevo cónyuge a tu casa?), qué papel tendrá tu nuevo cónyuge en la paternidad y, si es aplicable, cuándo y cómo los hijos del anterior matrimonio de tu nuevo cónyuge pasarán tiempo en tu casa. La preparación y la planificación te ayudarán a tratar estos y otros temas. Busca ayuda externa para desarrollar un plan. Puede ser un amigo que haya pasado por una situación parecida, un abogado o un asesor. Cuanta más información puedas reunir y tener en cuenta, más problemas podrás evitar.

- En cuanto a la paternidad de tu hijo tras el nuevo matrimonio, tu nuevo cónyuge no debe intentar hacerse cargo de la familia y cambiar las normas y la forma de tratar las cosas con tus hijos. Por ejemplo, si tienes establecidas ciertas normas para tu hijo adolescente en cuanto a horas de llegada o tareas, no deben cambiar cuando vuelvas a casarte. El papel de tu nuevo cónyuge debe ser para apoyar, no cambiar, las normas que tengas establecidas. Debes seguir siendo la persona principal que indique las normas a tu hijo y que imponga la disciplina si las normas no se cumplen. Si tu nuevo cónyuge intenta tomar el papel principal de padre demasiado pronto, puede conducir a que tu hijo diga: «Tú no eres mi padre. ¡No puedes decirme lo que debo hacer!». Con el paso del tiempo, tu cónyuge puede gradualmente empezar a asumir más directamente las responsabilidades de la paternidad. Sin embargo, recuerda que imponer normas y aplicar la disciplina no funcionará a menos que exista una relación positiva y fructífera entre tu hijo y tu nuevo cónyuge.

- Recuerda que tu nuevo cónyuge no reemplaza a tu excónyuge como padre de tu hijo. Con el nuevo matrimonio, es importante que tu hijo siga manteniendo una relación estrecha con su otro padre.

Parte 7ª

Búsqueda de ayuda profesional

49

Busca ayuda profesional si tu hijo lo necesita

*Mi hija participó en un programa de doce semanas en el colegio
para niños cuyos padres se habían divorciado.
Es increíble cuánto le ayudó.*

Carolyn, treinta y tres años, madre de una niña.

Como hemos indicado en la Introducción, los niños a menudo sienten dolor por el divorcio de sus padres y pueden tener dificultades para adaptarse. Como también hemos indicado a lo largo de este libro, hay cosas que puedes hacer para ayudar a curar la herida y para fomentar la adaptación de tu hijo. No obstante, para algunos niños, es necesario hacer algo más. Si tu hijo está experimentando dificultades importantes o continuas, te sugerimos que busques la ayuda de un profesional. En esta sección vamos a darte información sobre cuándo debes buscar ayuda profesional, el tipo de ayuda existente y de quién obtener ayuda.

El siguiente recuadro contiene una lista con algunos problemas que deben indicarte la posible necesidad de buscar ayuda profesional. En esta lista, usamos la palabra *constante* (queremos decir que estos problemas se han producido durante tres o más meses). Sin embargo, si tienes uno de estos problemas con tu hijo que sea lo suficientemente grave, puede ser una buena garantía buscar ayuda profesional aunque no hayan pasado tres meses. También puede que veas varios de estos problemas enumerados pero ninguno de ellos sea grave. Si es así, también debes buscar ayuda profesional. Por último, debemos resaltar que también debes tener en cuenta tus propios recursos psicológicos a la hora de tratar los problemas de tu hijo. Es decir, no sólo se debe tener en cuenta el comportamiento de tu hijo, también se debe considerar tu habilidad para tratar ese comportamiento. Si ves que tienes problemas para controlar a tu hijo, aunque su comportamiento no sea excesivamente grave, debes considerar la posibilidad de buscar ayuda profesional. Lo que queremos indicar es que existen varios factores que determinan si debes o no buscar ayuda profesional. Al final, normalmente solo o junto con tu excónyuge (dependiendo del tipo de custodia que tengáis) tomaréis la decisión por vuestro hijo.

Problemas constantes que sugieren la necesidad de que busques ayuda profesional para tu hijo

Continuas peleas con tu excónyuge o contigo.

Desafío constante y/o comportamiento resistente.

Arranques de ira reiterados.

Tristeza y/o interiorización importante.

Problemas importantes con sus iguales.

Problemas importantes en el colegio: notas o comportamiento.

Problemas graves al relacionarse con otros adultos (maestros, entrenadores, familiares).

Si decides buscar ayuda, ¿a quién debes recurrir? Debes buscar ayuda de un profesional de la salud mental (psicólogo, psiquiatra o trabajador social) que esté especializado en tratar con niños, adolescentes y familias. También debes asegurarte de que dicha persona tenga experiencia en trabajar con niños de padres divorciados. Tras realizar una evaluación para examinar la naturaleza

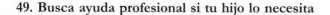

de los problemas, el profesional debe tratar contigo diferentes tratamientos o intervenciones. Si asumimos que la evaluación determina que los problemas que está teniendo tu hijo están relacionados con el divorcio (muchos de los problemas que tenga el niño no tienen que estar relacionados), existe una gran variedad de tratamientos distintos que se pueden utilizar. Debes asegurarte de que el que se va a emplear está demostrado que es eficaz. Después veremos los distintos tipos de tratamientos que han demostrado ser eficaces cuando los problemas están relacionados con el divorcio. Esperamos que esta breve introducción te sirva de ayuda para comentar los tratamientos posibles con el profesional de la salud mental que hayas elegido.

¿Cuáles son estas intervenciones? Fundamentalmente, como John H. Grych de la Universidad de Marquette y Frank Finchman de la Universidad de Buffalo han explicado, se han estudiado tres tipos de intervenciones. Primero, existen intervenciones centradas en el niño para niños de familias divorciadas. Normalmente consisten en reuniones de entre ocho y catorce sesiones. Suelen ser intervenciones en grupo donde participan de cinco a diez niños, todos con dificultades para adaptarse al divorcio de los padres. Estos grupos normalmente se reúnen en escuelas o centros de salud mental. Hay tres objetivos para la mayoría de estas intervenciones en grupo: ayudar a los niños a entender los hechos relacionados con el divorcio de forma que puedan entender por qué se divorcian sus padres y empiecen a adaptarse; ayudar a los niños a aprender distintas formas de hacer frente a sus sentimientos sobre el divorcio y todos los temas que lo rodean, como los problemas de visitas; intentar incrementar el nivel de apoyo social del niño. El programa que probablemente se haya evaluado mayormente es el *Children of Divorce Intervention* realizado por JoAnne Pedro-Carroll y sus colegas de la Universidad de Rochester, el cual se está utilizando en muchas escuelas de todo el país.

Tu segunda posibilidad es una intervención centrada en los padres. Estas intervenciones se centran en enseñarte a ti, como padre, formas de ayudar a tu hijo durante y después del divorcio. Los objetivos de estos programas son similares a la mayoría de la información presentada en este libro.

Normalmente, se centran en los principios parentales, pero también se incluyen otros temas relacionados con el divorcio (como información sobre los efectos en tu hijo de los conflictos con tu excónyuge). Los dos programas que se han evaluado son los de Kelly Shifflett y E. Mark Cummings de la Universidad de Notre Dame y el de Marian S. Forgatch del Centro de aprendizaje social de Oregón, en Eugene, Oregón.

Tu tercera posibilidad es un programa que combina las intervenciones para padres e hijos. En estas sesiones, normalmente los niños se juntan en un grupo y los padres en otro. Los objetivos para ambos son parecidos a los ya indicados. Uno de los programas que se ha evaluado es el de Arnold Stolberg y sus colegas de la Universidad Commonwealth de Virginia.

Esperamos que esta información te sirva de ayuda a la hora de buscar asistencia profesional y decidir qué intervención utilizar. Sin embargo, es importante que seas consciente de que la ayuda profesional no sustituye a tus esfuerzos por ayudar a tu hijo. Las estrategias y los acercamientos parentales que hemos presentado en este libro serán si cabe más importantes.

Recomendaciones:

- Si crees que necesitas ayuda por los problemas de tu hijo o porque no puedes con su comportamiento, habla con un familiar, amigo o consejero. Coméntale tus preocupaciones y pide consejo sobre si debes buscar ayuda profesional.

- Antes de buscar ayuda, asegúrate de que tienes derecho legal para tomar esta decisión. Lee el acuerdo sobre la custodia legal y consulta a tu abogado si no estás seguro.

- Involucra a tu excónyuge en la toma de decisión sobre la búsqueda de ayuda y en la terapia misma cuando llegue el momento. También, antes de empezar la terapia, decide quién va a pagar los costes de la misma que no estén cubiertos por el seguro médico (los cuales pueden ser la mayoría, si no todos).

- Considera la posibilidad de asistir a una reunión de *Parents Without Partners* (consulta la sección de recursos para buscar información). Estos padres que han pasado por un divorcio pueden proporcionarte apoyo, información sobre cómo tratar situaciones similares con sus hijos y consejos sobre la búsqueda de ayuda profesional.

- Cuando empieces a buscar un profesional de la salud mental, pregunta por su experiencia con niños de padres divorciados y sobre programas que las investigaciones han demostrado que son eficaces. Organizaciones como *Association for the Advancement of Behavior Therapy* (Nueva York), la *American Psychological Association* (Washington, DC) y la *American Academy of Child and Adolescent Psychiatry* (Washington, DC) pueden proporcionarte algunas sugerencias para elegir a profesionales de la salud mental. Además, los médicos pueden hacerte recomendaciones y darte referencias sobre profesionales de tu zona.

Parte 8ª

Caminando hacia el futuro

50

Sé positivo

Cuando dejé de centrarme en el odio y en el resentimiento y empecé a ver los aspectos positivos de la paternidad de mi exesposo, cambió toda mi perspectiva del futuro.

Carla, cuarenta y un años, madre de tres niños.

Tu divorcio marca el final de una etapa de tu vida pero el principio de otra. Esta nueva etapa puede estar caracterizada por la culpa, el remordimiento, la autocompasión y el pesimismo, o puede estar caracterizada por la esperanza y el optimismo. ¡La elección es tuya! La mayor parte de tu futura felicidad dependerá de tu actitud y de tus expectativas. ¿Es tu futuro como un vaso medio vacío o medio lleno? Es esencial que tengas una actitud mental positiva al iniciar esta nueva etapa de tu vida. Aunque ahora puede ser duro, debes ser capaz de ver la luz al final del túnel (¡no te preocupes, no es un tren!).

El divorcio trae con él numerosas oportunidades. Tienes la oportunidad de hacer nuevos amigos, vivir nuevas experiencias, explorar viejos sueños y de encontrar la felicidad. Sin embargo, si te centras en el pasado, no podrás avanzar en tu vida. Debes dejar atrás el pasado en lugar de dejar que controle tu futuro.

Los hijos y el divorcio

Si tiendes a ser pesimista, necesitas aprender a ser más optimista. ¡Se puede lograr! Martin Seligman de la Universidad de Pensilvania ha pasado la mayor parte de su carrera estudiando el optimismo y el pesimismo. De su investigación y de la realizada por otros expertos, se deduce claramente que la gente puede aprender a ser más optimista. Una de las claves para lograrlo recae en cambiar la forma que tienes de pensar en las cosas. Como hemos visto anteriormente (consulta la Estrategia n° 21, «Cambia la forma que tienes de pensar en tu hijo» y la Estrategia n° 35, «Ármate de paciencia y recobra la calma»), las acciones de los demás no controlan tus emociones. Es la forma que tienes de pensar e interpretar tus acciones la que determina cómo te sientes. ¿Qué sucede si crees que la vida de tu hijo y la tuya está arruinada para siempre por el divorcio? Entonces, la próxima vez que tu hijo se comporte mal, empezarás a pensar que está destinado a tener una vida llena de problemas y que tú vas a sentirte muy deprimido. Debes cambiar tales creencias negativas y sustituirlas por otras positivas. Si tú crees que ambos vais a salir de los malos tiempos y que el futuro será bueno, entonces empezarás a ser más optimista en tus pensamientos. Si te interesa aprender a ser más optimista, te recomendamos la lectura del libro de Martin Seligman *Learned Optimism: How to Change Your Mind and Your Life*. ¡Recuerda que cambiar tu forma de pensar puede cambiar tu vida!

Bibliografía

AHRONS, C. R. y R. H. RODGERS. 1987. *Divorced families: Meeting the challenge of divorce and remarriage.* Nueva York: W. W. Norton & Company.

ALPERT-GILLIS, L., J. L. PEDRO-CARROLL y E. L. COWEN. 1989. The children of divorce intervention program: Development, implementation, and evaluation of a program for young urban children. *Journal of Consulting and Clinical Psychology*, 57: 583-589.

AMATO, P. R. 1993. Children's adjustment to divorce: Theories, hypotheses, and empirical support. *Journal of Marriage and the Family*, 55: 23-38.

AMATO, P. R. y A. BOOTH. 1996. A prospective study of divorce and parent-child relationships. *Journal of Marriage and the Family*, 58: 356-365.

AMATO, P. R. y J. G. GILBREATH. 1999. Nonresident fathers and children's well-being: A meta-analysis. *Journal of Marriage and the Family*, 61: 557-573.

AMATO, P. R. y B. KEITH. 1991. Parental divorce and the well-being of children: A meta-analysis. *Psychological Bulletin*, 110: 26-46.

AMATO, P. R. y F. RIVERA. 1999. Paternal involvement in children's behavior problems. *Journal of Marriage and the Family*, 61: 375-384.

ARMISTEAD, L., A. McCOMBS, R. FOREHAND, M. WIERSON, N. LONG y R. FAUBER. 1990. Coping with divorce: A study of young adolescents. *Journal of Clinical Child Psychology*, 19: 79-84.

BOOTH, A. y P. R. AMATO. 2001. Parental predivorce relations and offspring postdivorce well-being. *Journal of Marriage and Family*, 63:197-212.

BUCHANAN, C. M., E. E. MACCOBY Y S. M. DORNBUSCH. 1991. Caught between parents: Adolescent's experience in divorced homes. *Child Development*, 62: 1008-1029.

BUCHANAN, C. M., E. E. MACCOBY Y S. M. DORNBUSCH. 1996. *Adolescents after divorce*. Cambridge, Massachusetts: Harvard University Press.

CARSON, L. 1999. *The essential grandparent's guide to divorce: Making a difference in the family*. Deerfield Beach, Florida: Health Communications, Inc.

CHERLIN, A. J., F. F. FURSTENBERG, P. L. CHASE-LANSDALE, K. E. KIERNAN, P. K. ROBINS, D. R. MORRISON Y J. O. TEITLER. 1991. Longitudinal studies of effects of divorce on children in Great Britain and the United States. *Science*, 252: 1386-1389.

CLINGEMPEEL, W. G., J. J. COLYAR, E. BRAND Y E. M. HETHERINGTON. 1992. Children's relationships with maternal grandparents: A longitudinal study of family structure and pubertal status effects. *Child Development*, 63: 1404-1422.

CREASEY, G. L. 1993. The association between divorce and late adolescent grandchildren's relations with grandparents. *Journal of Youth and Adolescence*, 22: 513-529.

EMERY, R. E. 1999. *Marriage, divorce, and children's adjustment* (2ª ed.). Thousand Oaks, California: Sage.

EMERY, R. E. 1999. *Renegotiating family relationships: Divorce, child custody, and mediation*. Nueva York: Guilford.

EMERY, R. E. Y R. FOREHAND. 1994. Parental divorce and children's well-being: A focus on resiliency. In R. J. Haggerty, N. Garmezy, M. Rutter y L. R. Sherrod (Eds.) *Stress coping and development: Risk and resilience in children* (pág. 64-99). Cambridge, Inglaterra: Cambridge University Press.

FAUBER, R., R. FOREHAND, A. M. THOMAS Y M. WIERSON. 1990. A mediational model of the impact of marital conflict on adolescent adjustment in intact and divorced families: The role of disruptive parenting. *Child Development*, 61: 1112-1123.

FORD, M., A. FORD, S. FORD Y J. B. FORD. 1997. *My parents are divorced, too.* Washington, DC: Magination Press.

FOREHAND, R. 1992. Parental divorce and adolescent maladjustment: Scientific inquiry versus public opinion. *Behaviour Research and Therapy*, 30: 319-327.

FOREHAND, R., L. ARMISTEAD Y C. DAVID. 1997. Is adolescent adjustment following parental divorce a function of predivorce adjustment? *Journal of Abnormal Child Psychology*, 25: 127-164.

FOREHAND, R. Y N. LONG. 2002. *Parenting the strong-willed child* (2ª ed.). Chicago: Contemporary Books.

FOREHAND, R., A. MCCOMBS, N. LONG, G. BRODY Y R. FAUBER. 1988. Early adolescent adjustment to recent parental divorce: The role of interparental conflict and adolescent sex as mediating variables. *Journal of Consulting and Clinical Psychology*, 56: 624-627.

FOREHAND, R., K. MIDDLETON Y N. LONG. 1987. Adolescent functioning as a consequence of recent parental divorce and the parent adolescent relationship. *Journal of Applied Developmental Psychology*, 3: 305-315.

FOREHAND, R., B. NEIGHBORS, D. DEVINE Y L. ARMISTEAD. 1994. Interparental conflict and parental divorce: The individual, relative, and interactive effects on adolescents across four years. *Family Relations*, 43: 387-393.

FOREHAND, R., A. M. THOMAS, M. WIERSON, G. BRODY Y R. FAUBER. 1990. Role of maternal functioning and parenting skills in adolescent functioning following parental divorce. *Journal of Abnormal Psychology*, 99: 278-283.

FORGATCH, M. S. Y D. S. DEGARMON. 1999. Parenting through change: An effective prevention program for single mothers. *Journal of Consulting and Clinical Psychology*, 67: 711-724.

FURSTENBERG, F. F., S. P. MORGAN Y P. D. ALLISON. 1987. Paternal participation and children's well-being after marital dissolution. *American Sociological Review*, 52: 695-701.

FURSTENBERG, F. F. Y C. W NORD. 1985. Parenting apart: Patterns of childrearing after marital disruption. *Journal of Marriage and the Family*, 47: 893-904.

GARFINKEL, I., C. MILLER, S. S. MCLANAHAN Y T. L. HANSON. 1998. Deadbeat dads or inept states? A comparison of child support enforcement systems. *Evaluation Review*, 22: 717-750..

GIRARD, L. W. 1987. *At daddy's on Saturdays*. Morton Grove, Illinois: Albert Whitman & Company.

GRYCH, J. H. Y F. D. FINCHAM. 1997. Children's adaption to divorce: From description to explanation. In S. A. Wolchick y I. N. Sandier (Eds.). *Handbook of children's coping, linking theory and intervention* (pág. 159-193). Nueva York: Plenum.

HANSON, T. L., S. S. MCLANAHAN Y E. THOMSON. 1998. Windows on divorce: Before and after. *Social Science Research*, 27: 329-349.

HEALY JR., J. M., J. E. MALLEY Y A. J. STEWART. 1990. Children and their fathers after parental separation. *American Journal of Orthopsychiatry*, 60: 531-543.

HESS, R. D. Y K. A. CAMARA. 1979. Post-divorce relationships as mediating factors in the consequences of divorce for children. *Journal of Social Issues*, 35: 79-96.

HETHERINGTON, E. M., M. BRIDGES Y G. M. ISABELLA. 1998. What matters? What does not? Five perspectives on the association between marital transitions and children's adjustment. *American Psychologist*, 53: 167-184.

HETHERINGTON, E. M., M. COX Y R. COX. 1982. Effects of divorce on parents and children. In M. Lamb (Ed.), *Nontraditional families* (pág. 233-288). Hillsdale, Nueva Jersey: Lawrence Erlbaum.

HETHERINGTON, E. M., M. COX Y R. COX. 1985. Long-term effects of divorce and remarriage on the adjustment of children. *Journal of the American Academy of Child Psychiatry*, 23: 518-530.

HETHERINGTON, E. M. Y M. STANLEY-HAGAN. 1999. The adjustment of children with divorced parents: A risk and resiliency perspective. *Journal of Child Psychology and Psychiatry*, 40:129-140.

IOWA STATE UNIVERSITY EXTENSION. 1996. Divorce matters: A children's view. Disponible en www.extension.iastate.edu/Pages/pubs/fa.htm.

IOWA STATE UNIVERSITY EXTENSION. 1996. Divorce matters: Talking with your child's other parent. Disponible en www.extension.iastate.edu/Pages/pubs/fa.htm.

IOWA STATE UNIVERSITY EXTENSION. 1996. Divorce matters: Visitation do's and don'ts. Disponible en www.extension.iastate.edu/Pages/pubs/ fa.htm.

JOHNSTON, J. R., M. KLINE Y J. TSCHANN. 1989. Ongoing postdivorce conflict in families contesting custody: Effects on children of joint custody and frequent access. *American Journal of Orthopsychiatry*, 59:576-592.

KAPLAN, L., L. ADE-RIDDEN Y C. B. HERMON. 1991. Issues of split custody: Siblings separated by divorce. *Journal of Divorce & Remarriage*, 16: 253-274.

KELLEY, M. L. 1990. *School-home notes: Promoting children's classroom success.* Nueva York: Guilford Press.

KELLY, J. Y R. E. EMERY 1989. Review of J. S. Wallerstein and S. Blakeslee, Second chances: Men, women, and children a decade after divorce. *Family and Conciliation Courts Review*, 27: 81-83.

KEMPTON, R., L. ARMISTEAD, M. WIERSON Y R. FOREHAND. 1991. Presence of a sibling as a potential buffer following parental divorce: An examination of young adolescents. *Journal of Clinical Child Psychology*, 20: 434-438.

KERR, M. Y H. STATTIN, 2000. What parents know, how they know it, and several forms of adolescent adjustment: Further support for a reinterpretation of monitoring. *Developmental Psychology*, 36: 366-380.

LAUMANN-BILLINGS, L. Y R. E. EMERY. 2000. Distress among young adults from divorced homes. *Journal of Family Psychology*, 14: 671-687.

LIN, I. F. 2000. Perceived fairness and compliance with child support obligations. *Journal of Marriage and the Family*, 62: 388-398.

LONG, N. Y R. FOREHAND. 1987. The effects of parental divorce and parental conflict on children: An overview. *Developmental and Behavioral Pediatrics*, 8: 292-296.

MCWILLIAMS, J. H. 1998. *Creating parenting plans that work.* Denver: Bradford Publishing Company.

MILLER, N. B., V L. SMERGLIA, D. S. GAUDET Y G. C. KITSON. 1998. Stressful life events, social support, and the distress of widowed and divorced women: A counteractive model. *Journal of Family Issues*, 19: 181-203.

PEDRO-CARROLL, J. L. Y E. I. COWEN. 1985. The children of divorce intervention program: An investigation of the efficacy of a schoolbased prevention program. *Journal of Consulting and Clinical Psychology*, 53: 603-611.

PEDRO-CARROLL, J. L., S. E. SUTTON Y P. A. WYMAN. 1999. A two-year follow-up evaluation of a preventative intervention for young children of divorce. *School Psychology Review*, 28: 467-476.

PETERSON, J. L. Y N. ZILL. 1986. Marital disruption, parent-child relationships, and behavior problems in children. *Journal of Marriage and the Family*, 48: 295-307.

RADFORD, B., G. D. TRAVERS, C. MILLER, C. L. ARCHEVESQUE, E. FURLONG Y J. NORRIS. 1997. Divorcing and building a new life. *Archives of Psychiatric Nursing*, II: 282-289.

SELIGMAN, M. E. 1998. *Learned optimism: How to change your mind and your life*. Nueva York: Pocket Books.

SHIFFLETT, K. Y E. M. CUMMINGS. 1999. A program for educating parents about the effects of divorce and conflict on children: An initial evaluation. *Family Relations*, 48: 79-89.

SIMONS, R. L., K. LIN, L. C. GORDON, R. D. CONGER Y F. O. LORENZ. 1999. Explaining the higher incidence of adjustment problems among children of divorce compared with those in two-parent families. *Journal of Marriage and the Family*, 61: 1020-1033.

STEWART, S. D. 1999. Nonresident mothers' and fathers' social contact with children. *Journal of Marriage and the Family*, 61: 894-907.

STOLBERG, A. L., C. W. CAMPLAIR Y M. A. ZACHARIAS. 1991. *Children of divorce: Leader's guide*. Circle Pines, Minnesota: American Guidance Service.

STOLBERG, A. L. Y K. M. GARRISON. 1985. Evaluating a primary prevention program for children of divorce: The divorce adjustment project. *American Journal of Community Psychology*, 13: 111-124.

STOLBERG, A. L. Y J. MAHLER. 1994. Enhancing treatment gains in a school-based intervention for children of divorce through skill training, parental involvement, and transfer procedures. *Journal of Consulting and Clinical Psychology*, 62: 147-156.

SUMMERS, P., R. FOREHAND, L. ARMISTEAD Y L. TANNENBAUM. 1998. Parental divorce during early adolescence in Caucasian families: The role of family process variables in predicting the long-term consequences for early adult psychosocial adjustment. *Journal of Consulting and Clinical Psychology*, 66: 327-336.

SUN, Y. 2001. Family environment and adolescents' well-being before and after parent's marital disruption: A longitudinal analysis. *Journal of Marriage and the Family*, 63: 697-713.

WEBSTER-STRATTON, C. 1989. The relationship of marital support, conflict, and divorce to parent perceptions, behaviors, and child conduct problems. *Journal of Marriage and the Family*, 51: 417-430.

WHITESIDE, M. F. Y B. J. BECKER. 2000. Parental factors and the young child's post-divorce adjustment: A meta-analysis with implications for parenting arrangements. *Journal of Family Psychology*, 14: 5-26.

WOLCHIK, S. A., I. N. SANDLER Y B. FOGAS. 1989. Events of parental divorce: Stressfulness ratings by children, parents, and clinicians. *American Journal of Community Psychology*, 14: 59-74.

WOLCHIK, S. A., K. L. WILCOX, J. Y. TEIN Y I. N. SANDLER. 2000. Maternal acceptance and consistency of discipline as buffers of divorce stressors on children's psychological adjustment problems. *Journal of Abnormal Child Psychology*, 28: 87-102.

Recursos

Libros

Sobre la paternidad en general

BENNETT, STEVEN Y RUTH BENNETT. 1991. *365 TV-free activities you can do with your child.* Boston: Adams Media Group.

BROOKS, ROBERT Y SAM GOLDSTEIN. 2001. *Raising resilient children.* Chicago: Contemporary Books.

BUNTMAN, PETER H. Y ELEANOR M. SAIRS. 1990. *How to live with your teenager II.* Saline, Michigan: McNaughton & Gunn.

FARBER, ADELE Y ELAINE MAZLISH. 1999. *How to talk so kids will listen and listen so kids will talk.* Nueva York: Avon Books.

FOREHAND, REX Y NICHOLAS LONG. 2002. *Parenting the strong-willed child* (2ª ed.). Chicago: Contemporary Books.

LANSKY, VICKI. 1991. *101 ways to make your child feel special.* Chicago: Contemporary Books.

VANNOY, STEVEN. 1994. *The 10 greatest gifts I give to my children.* Nueva York: Fireside.

WEBSTER-STRATTON, CAROLYN. 1992. *The incredible years.* Toronto: Umbrella Press.

WYCOFF, JERRY Y BARBARA UNELL. 1991. *How to discipline your six- to twelve-year-old... without losing your mind.* Nueva York: Doubleday.

Libros para niños pequeños sobre el divorcio

BROWN, LAWRENCE Y MARC BROWN. 1988. *Dinosaurs divorce: A guide for changing families*. Nueva York: Little Brown and Company.

GIRARD, LINDA W. 1987. *At daddy's on Saturdays*. Morton Grove, Illinois: Albert Whitman and Company.

JOHNSTON, JANET, K. BRUNIG, C. GARRITZ Y M. BARIS. 1997. *Through the eyes of children: Healing stories for children of divorce*. Nueva York: Free Press.

LANSKY, VICKI. 1998. *It's not your fault, KoKo Bear*. Minnetonka, Minnesota: Book Peddlers.

NIGHTINGALE, LOIS Y BLANCA APODACA. 1997. *My parents still love me even though they're getting a divorce*. Yorba Linda, California: Nightingale Rose Publications.

ROGERS, FRED. 1996. *Let's talk about it: Divorce*. Nueva York: Putnam's Sons.

THOMAS, PAT. 1998. *My family's changing*. Hauppauge, Nueva York: Barron's Educational Series, Inc.

Libros para niños mayores y adolescentes sobre el divorcio

FORD, MAXINE, A. FORD, S. FORD Y J. B. FORD. 1997. *My parents are divorced, too*. Washington, DC: Magination Press.

JOHNSON, LINDA C. 1992. *Everything you need to know about your parents' divorce*. Nueva York: Rosen.

JOSELOW, BETH Y THEA JOSELOW. 1996. *When divorce hits home: Keeping yourself together when your family comes apart*. Nueva York: Avon Books.

KREMENTZ, JILL. 1998. *How it feels when parents divorce*. Nueva York: Knopf

Libros para padres divorciados que facilitan la adaptación

BENSON, HERBERT Y MIRIAM KLIPPER. 2000. *The relaxation response*. Nueva York: Avon Books.

DAVIS, MARTHA, MATTHEW MCKAY Y ELIZABETH ESHELMAN. 2000. *The relaxation and stress reduction workbook*. Oakland: New Harbinger.

ELLISON, SHELIA. 2000. *The courage to be a single mother: Becoming whole again after divorce*. San Francisco: Harper.

FISHER, BRUCE Y ROBERT ALBERTI. 1995. *Rebuilding: When your relationship ends*. Atascadero. California: Impact Publishers.

PRENGEL, SERGE. 1999. *Still a dad: The divorced father's journey*. Nueva York: Mission Creative Energy.

SELIGMAN, MARTIN E. 1998. *Learned optimism: How to change your mind and your life*. Nueva York: Pocket Books.

TRAFFORD, ABIGAIL. 1993. *Crazy time: Surviving divorce and building a new life*. Nueva York: Harperperennial.

Libros para padres divorciados

AHRONS, CONSTANCE R. 1995. *The good divorce: Keeping your family together when your marriage comes apart*. Nueva York: HarperCollins.

BENEDEK, ELISA Y CATHERINE BROWN. 2001. *How to help your child overcome your divorce: A support guide for families* (2ª ed.). Nueva York: Newmarket Press.

BLAU, MELINDA. 1995. *Families apart: Ten keys to successful co-parenting*. Nueva York: Perigee.

KNOX, DAVID Y KERMIT LEGGETT. 2000. *Divorced dad's survival book: How to stay connected with your kids*. Nueva York: Perseus Books.

LANSKY, VICKI. 1996. *Vicki Lansky's divorce book for parents: Helping your children cope with divorce and its aftermath*. Minnetonka, Minnesota: Book Peddlers.

MCWILLIAMS, JOAN H. 1998. *Creating parenting plans that work*. Denver, Colorado: Bradford Publishing Company.

RICCI, ISOLINA. 1997. *Moms house, dad's house: A complete guide for parents who are separated, divorced, or remarried*. Nueva York: Fireside.

ROTHCHILD, GILLIAN. 1999. *Dear mom and dad: What kids of divorce really want to say to their parents*. Nueva York: Pocket Books.

Libros sobre conflictos parentales

DARNALL, DOUGLAS. 1998. *Divorce casualties: Protecting your children from parental alienation*. Dallas: Taylor Publishing Company.

KLINE, KRIS Y STEPHEN PEW. 2000. *For the sake of the children: How to share your children with your ex-spouse in spite of your anger*. iuni verse.com.

Libros sobre temas legales y económicos

AMERICAN BAR ASSOCIATION. 1996. *The American Bar Association guide to family law: The complete and easy guide to the laws of marriage, parenthood, separation, and divorce*. Nueva York: Times Books.

FRIEDMAN, JAMES. 1999. *The divorce handbook*. Nueva York: Random House.

MARGULIES, SAM. 1992. *Getting divorced without ruining your life: A reasoned practical guide to the legal, emotional, and financial ins and outs of negotiating a divorce settlement*. Nueva York: Fireside.

WOODHOUSE, VIOLET Y D. FETHERLING. 2000. *Divorce and money: How to make the best financial decisions during divorce*. Soquel, California: Nolo Press.

Libros sobre temas escolares

KELLEY MARY LOU. 1990. *School-home notes: Promoting children's classroom success*. Nueva York: Guilford Press.

Libros para abuelos

CARSON, LILLIAN. 1999. *The essential grandparents' guide to divorce*. Deerfield Beach, Florida: Health Communications, Inc.

COHEN, JOAN. 1994. *Helping your grandchildren through their parents divorce*. Nueva York; Walker & Company.

Libros sobre padrastros

VISHER, EMILY B. Y JOHN S. VISHER. 1991. *How to win as a stepfamily* (2ª ed.). Bristol, Pensilvania: Brunner/Mazel.

ZIEGAHN, SUZEN. 2001. *7 steps to bonding with your stepchild.* Nueva York: St. Martin's Griffen.

Libros docentes escritos por profesionales

BUCHANAN, CHRISTY M., ELEANOR MACCOBY Y SANFORD DORNBUSCH. 1996. *Adolescents after divorce.* Cambridge, Massachusetts: Harvard University Press.

EMERY, ROBERT E. 1999. *Marriage, divorce, and children's adjustment.* (2ª ed.). Thousand Oaks, California: Sage.

EMERY ROBERT E. 1999. *Renegotiating family relationships: Divorce, child custody, and mediation.* Nueva York: Guilford.

GARRITY, CARLA B. Y MITCHELL BARIS. 1994. *Caught in the middle: Protecting the children of high-conflict divorce.* Nueva York: Lexington Books.

HETHERINGTON, MAVIS (Ed.). 1999. *Coping with divorce, single parenting, and remarriage: A risk and resiliency perspective.* Mahwah, Nueva Jersey: Lawrence Erlbaum Associates.

SAPOSNEK, DONALD T. 1998. *Mediating child custody disputes.* San Francisco: Josey-Bass.

Organizaciones

Padres sin pareja

Parents Without Partners International Office
1650 South Dixie Highway, Suite 510
Boca Raton, Florida 33432 - (800) 637-7974 / (561) 391-8833
www.parentswithoutpartners.org

Esta organización cuenta con aproximadamente cuatrocientas sedes y más de cincuenta mil miembros en los Estados Unidos y Canadá. Proporciona servicios de apoyo para familias monoparentales en todo el país. Las sedes locales proporcionan actividades sociales, familiares y educativas para dichos padres. Se encuentra disponible una revista en línea.

Single Parent Resource Center
31 East Twenty-ighth Street, Second Floor
Nueva York, Nueva York 10016
(212) 951-7030

Este centro proporciona paquetes informativos, los cuales se pueden obtener al solicitarlos por correo ordinario. Estos paquetes incluyen recusos para familias monoparentales sobre temas legales, de apoyo y educativos del estado que la persona solicite.

Madres

National Organization of Single Mothers
P.O. Box 68
Midland, Carolina del Norte 28107
(704) 888 5437
www.singlemothers.org

Esta organización proporciona consejo sobre la paternidad y sobre cómo hacer frente a los desafíos de la vida diaria siendo una madre que está sola. Realiza publicaciones quincenales con consejos sobre la paternidad, economía, trato con anteriores miembros de la familia, custodia y visitas. También dispone de un sitio Web interactivo.

Padres

National Congress for Fathers and Children (NCFC)
9454 Wilshire Boulevard, Suite 907

Beverly Hills, California 90212

(310) 247-6051

www.ncfc.net

Esta asociación proporciona asistencia tanto local como estatal para apoyar a los padres que desean seguir participando de manera activa en la vida de sus hijos. Se centran principalmente en ayudar a los padres que no tienen la custodia a permanecer involucrados en la vida de sus hijos. Publica un boletín y un manual del afiliado.

National Fatherhood Initiative

101 Lake Forest Boulevard, Suite 360

Gaithersberg, Maryland 20877

(301) 948-0599

www.fatherhood.org

Esta asociación proporciona apoyo a nivel nacional sobre temas relacionados con la paternidad y promueve la conciencia pública sobre este tema. Esta organización anima a los padres a estar involucrados activamente en las vidas de sus hijos. Realiza publicaciones trimestrales y un catálogo sobre recursos paternales.

Abuelos

Grandparents' United for Children's Rights, Inc.

137 Larkin Street

Madison, Wisconsin 53705

(608) 238-8751

www.grandparentsunited.org

Esta organización proporciona información a los abuelos sobre cómo criar a sus nietos. También ofrece datos sobre los derechos de visitas. Publica un directorio nacional sobre servicios y grupos de apoyo para abuelos. Existen varias sedes en diversas partes del país.

Mediación

Association of Conflict Resolution
1527 New Hampshire Avenue NW
Washington, DC 20036
(202) 667-9700
www.mediate.com

Esta organización es para profesionales relacionados con la mediación. Sin embargo, también proporciona información sobre mediatores y tiene un directorio de organizaciones involucradas en la mediación.

Asistencia a niños

Office of Child Support Enforcement (GCSE)
U.S. Department of Health and Human Services
370 L'Enfant Promenade SW
Washington, DC 20447
www.acfdhhs.gov/programs/cse

Esta agencia gubernamental federal promueve el bienestar social y económico de las familias, niños, personas y comunidades que realizan esfuerzos para ayudar a los niños. Proporciona información sobre temas relacionados con la aplicación del apoyo a los niños. Puedes ponerte en contacto con esta asociación mediante correo ordinario o a través dc su sitio Web.

Legal

American Academy of Matrimonial Lawyers
150 North Michigan Avenue, Suite 2040
Chicago, Illinois 60601
(312) 263-7682
www.aaml.org

Esta asociación de abogados fomenta el estudio de, y la práctica mejorada sobre, las leyes matrimoniales (incluyendo el divorcio). Publica un directorio sobre sus miembros (abogados de prestigio en leyes matrimoniales) y varios artículos en línea.

American Bar Association (ABA) Service Center

541 North Fairbanks Court
Chicago, Illinois 60611
(312) 988-5222
www.abanet.org

Es una asociación muy importante de profesionales abogados. Proporciona servicios profesionales y legales, así como servicios públicos generales relacionados con aspectos legales. Ofrece también referencias sobre abogados e información sobre el divorcio.

Association of Family and Conciliation Courts

6515 Grand Teton Plaza, Suite 210
Madison, Wisconsin 53719
(608) 664-3750
www.afccnet.org

Esta asociación interdisciplinar e internacional de profesionales está dedicada a la resolución constructiva de las disputas familiares. Publica modelos estándar para la práctica de la mediación y es una fuente de libros y materiales para profesionales.

Familias mixtas

Stepfamily Association of America

650 J Street, Suite 205
Lincoln, Nebraska 68508
(800) 735.0329
www.stepfam.org

Esta organización sin ánimo de lucro está dedicada a que las familias mixtas tengan una vida exitosa a través de la educación y el apoyo. Proporciona recursos e información educativos sobre temas familiares, incluyendo su revista trimestral *Stepfamilies*.

218 Resources
The Stepfamily Network
555 Bryant Street, Number 361
Palo Alto, California 94301
(800) 487-1073
www.stepfamily.net x.

Esta organización sin ánimo de lucro está dedicada a ayudar a que las familias mixtas consigan la armonía y el respeto mediante el apoyo y la educación. Su sitio Web incluye un listado con libros recomendados y un foro en línea.

Sitios web adicionales

Sobre la paternidad en general

Center for Effective Parenting
www.parenting-ed.org

Esta página Web ofrece información sobre una gran variedad de temas relacionados con la paternidad. Accede a la sección «Parent Handouts» para obtener sugerencias prácticas sobre cómo tratar diferentes temas.

Connecting with Kids
www.connectingwithkids.com

Esta página Web proporciona información amplia sobre diversos problemas de los niños y formas prácticas de tratarlos.

Kid Source
www.kidsource.com

Esta página Web contiene una gran variedad de información sobre los niños y la paternidad. Las áreas que se tratan son: salud, educación, entretenimiento y paternidad.

National Parent Information Network

www.npin.org

Esta página Web permite el acceso a numerosas publicaciones de diversos temas escritas por profesionales. También proporciona libros para padres. Los padres pueden acceder a un boletín quincenal electrónico llamado *Parent News*. La característica más especial de esta página es la posibilidad que tienen los padres de enviar preguntas sobre la paternidad que son contestadas por el personal de la asociación.

Parents Place

www.parentsplace.com

Esta página Web contiene información general sobre la paternidad y unas columnas de preguntas y respuestas contestadas por expertos en la materia. También dispone de un chat para que los padres puedan hacerse preguntas entre ellos.

ParentSoup

www.parentsoup.com

Esta página Web ofrece información para los padres sobre una gran variedad de temas, como consejos para los padres, grupos de discusion, chats y la posibilidad de acceder a consejos de «expersos» sobre numerosos temas.

Practical Parenting

www.practicalparent.org.uk

Esta página Web proporciona asistencia a padres y personas interesadas en obtener consejo y asistencia sobre las relaciones familiares y el comportamiento de los niños. Publica la revista gratuita *The Practical Parenting Newsletter* y ofrece prácticos consejos.

Información sobre el divorcio

Divorce Online

www.divorce-online.com/index.html

Esta página Web proporciona información legal, económica y psicológica sobre el divorcio tanto para el público en general como para profesionales.

Divorce Source

www.divorcesource.com

Esta página Web comercial ofrece información y material relacionado con el divorcio. Contiene un vínculo directo a cada estado, así como a Canadá, en el que encontrarás información relacionada con el mismo.

Divorce Support

www.divorcesupport.com

Esta página Web comercial proporciona información y material sobre los temas del divorcio relacionados con la custodia de los niños, las visitas y las leyes estatales.

DivorceNet

www.divorcenet.com

En esta página puedes encontrar abundante información relacionada con el divorcio, en especial sobre temas legales.

Temas legales

American Bar Association, Section on Family Law

www.abanet.org/family/home.html

Esta página contiene numerosos documentos sobre temas legales relacionados con el divorcio, la custodia y otros aspectos. También ofrece información sobre cómo buscar un abogado y lo que debemos esperar de ellos.

Divorce HelpLine

www.divorcehelp.com

Esta página Web proporciona información sobre temas legales y paternales relacionados con el divorcio. También contiene datos sobre cómo tratar los aspectos legales del divorcio con tu cónyuge.

Divorce Law

www.law.cornell.edu/topics/divorce.html

Página con extensa información legal recopilada por el Instituto de Información Legal de la Universidad de Cornell. Proporciona datos sobre las leyes del divorcio de cada estado.

Federal Office on Child Support Enforcement

www.acfdhhs.gov/ACFPrograms/CSE

Esta página Web proporciona información relacionada con la aplicación de la ayuda a los niños.

Mediate.com

www.mediate.com

Dedicada a informar sobre varios aspectos relacionados con la mediación, incluyendo la relacionada con el divorcio. Se encuentran disponibles para su lectura númerososo artículos. También podrás encontrar aquí un listado de mediadores.

Temas relacionados con los niños

Children's Rights Council (CRC)

www.gocrc.org

Esta página contiene consejos para padres, una revista e información sobre libros, conferencias y sedes de los distintos estados.

Recursos en español

Asociación de Padres de Familia Separados

La Asociación de Padres de Familia Separados (APFS), promotora de la iniciativa «Adiós, papá», fue la primera asociación creada en España para representar a los padres (hombres) de familia separados en lucha por la igualdad y la no discriminación del padre ante los eventos legales de separación y divorcio.

La Asociación está presente en casi todas las Comunidades Autónomas de España y cuenta con más de 9.000 asociados.

Páginas web de la Asociación:

APFS nacional: http://www.terra.es/personal/apfsjlra/

APFS Galicia: http://www.terra.es/personal2/apfsgalicia/

APFS Aragón: http://www.terra.es/personal2/apfsaragon/

APFS Burgos: http://es.geocities.com/apfs_burgos/

Direcciones de correo electrónico y teléfonos:

APFS nacional: APFSJLRA@teleline.es
Teléfonos: 670284152 y 913692977

APFS Galicia: apfsgalicia@wanadoo.es

APFS Aragón: apfsaragon@infonegocio.com

APFS Las Palmas: cesar.3@retemail.es

APFS Burgos: apfs_burgos@yahoo.es

En Madrid, la APFS mantiene sesiones informativas cada jueves de 19 a 21 horas en C/General Varela, 26, local.

Federación andaluza de madres y padres separados (f.a.s.e.)

Fue fundada y constituida en Granada para tratar de buscar una forma de unión que ayude a erradicar la problemática que día a día aparece en el mundo que rodea a la familia (madre, padre e hijos).

Esta Organización tiene vínculos con otras Federaciones y Asociaciones de similar cometido y vocación, tanto a nacionales como internacionales.

La dirección de su sitio Web es: http://es.groups.yahoo.com/group/FASE/

Mandefender

Anillo de Webs (http://mandefender.freeservers.com) que luchan por la igualdad de derechos del hombre y la mujer, y también por lograr la custodia compartida de los hijos. Bases de datos pública sobre estos temas para su estudio.

Federación de Asociaciones de Madres Solteras/FAMS

Su finalidad es promover la definición de familia monoparental para las madres solas que sean cabeza de familia, entre otras cosas.

Dirección: C/Almagro, 28- bajo dcha.

28010 Madrid. España

Teléfono: +34-91-310 3655

Fax: +34-91-310 3655

http://www.fundacionmujeres.es/ione/secciones/asociadas/fams.htm

Colegios y asociaciones de profesionales del derecho

En esta página, encontrarás información sobre las distintas asociaciones de abogados de España, así como vínculos a los colegios de abogados.

http://www.ua.es/es/servicios/juridico/colegios.htm

Abomedi@ Profesional

Esta página Web (www.abomedia.com) incluye direcciones tanto de mediadores como de abogados, así como una amplia información sobre los temas relacionados con la legislación.

Plaza bebé

Incluye información relacionada con los derechos de los niños tras el divorcio de sus padres.

http://www.plazabebe.com/legales/divorcio_derechos.htm

Aldea bebe

Incluye información sobre el divorcio, la alimentación, derechos del niño y todo tipo de temas relacionados con los niños.

http://www.aldeabebe.com/papas/divorcio.htm

Sobre los autores

Nicholas Long es profesor de Pediatría y Director de Psicología Pediátrica en la Escuela de Medicina de la Universidad de Arkansas y en el *Arkansas Children´s Hospital.* También es el Director del *Center for Effective Parenting.* El profesor Long ha sido nombrado en las reseñas de muchas publicaciones de psicología y pediatría y ha realizado numerosas publicaciones sobre el divorcio y los enfoques prácticos hacia la paternidad. Su investigación se ha publicado en los libros y las publicaciones profesionales más importantes y se ha presentado en numerosos encuentros nacionales e internacionales. Es coautor del libro *Parenting the Strong-Willed Child* (junto con Rex Forehand), el cual ha recibido un reconocimiento internacional al proporcionar a los padres un programa eficaz para cambiar el comportamiento del niño. El profesor Long ha desarrollado estrategias para ayudar a los padres a controlar los problemas comunes del comportamiento de niños pequeños y para los padres que están pasando por momentos muy estresantes, como un divorcio. Estas estrategias incluyen el desarrollo de varias clases para padres y material escrito para padres y pediatras. Además de estas actividades clínicas y de investigación, el profesor Long juega un papel activo en la formación de pediatras y psicólogos en la ciencia y el arte de ayudar a los padres a hacer frente al estrés en la familia. El profesor Long es un orador notable cuyas presentaciones sobre la paternidad están muy demandadas. Dirige grupos de divorcio para padres y es llamado con mucha frecuencia para hablar sobre la paternidad a nivel regional, nacional e internacional. Ha sido galardonado con el premio de la Fundación Rivendell por su excepcional contribución para mejorar la investigación y la presentación de los servicios de salud mental de niños y adolescentes y posee numerosos premios docentes. Está casado y es padre de dos varones adolescentes.

Rex Forehand es profesor de Psicología Clínica en Regents y Director del *Institute for Behavioral Research* de la Universidad de Georgia. Psicólogo infantil, ha dedicado más de treinta años a estudiar los problemas de comportamiento de los niños y ha desarrollado estrategias para que los padres las utilicen para cambiar tales problemas. Además, su investigación ha tratado el papel del divorcio y su influencia en el comportamiento de los padres e hijos. Su trabajo sobre el divorcio se ha publicado en muchas revistas, se ha presentado en reuniones profesionales a nivel nacional y se ha presentado a padres y profesionales de la salud mental en talleres de trabajo tanto nacionales como internacionales. Su investigación y programas clínicos aplicados se han publicado en más de trescientos artículos de revistas profesionales y en capítulos de libros. Su libro *Helping the Noncompliant Child* (escrito junto con Robert J. McMahon) ha recibido reconocimiento nacional por su delineación de un programa de intervención clínica eficaz para terapeutas para usarlo con padres de niños con problemas de comportamiento. Los esfuerzos clínicos y de investigación del profesor Forehand lo han llevado a ser uno de los autores citados con mayor frecuencia en psicología, a ser identificado como uno de los mejores profesionales de la salud mental de niños de los Estados Unidos, a ser citado frecuentemente en los medios de comunicación y a ser mencionado en las reseñas de revisas profesionales. Ha recibido el premio de la *American Psychological Association* por su excepcional contribución a la psicología infantil; el premio de la Fundación Rivendell por su excepcional contribución para mejorar la investigación y la presentación de los servicios de salud mental de niños y adolescentes; el premio William A. Owens Jr. por su original investigación en las ciencias sociales y del comportamiento y la Creative Research Medal. Está casado y es padre de dos niños.

Índice alfabético

A

abogados, 5-7
abrazos, 122
abuelos, 170-174
   paternos, 172
actividades
   divertidas, 117, 118-120
   interactivas, 117, 118-199
   supervisión del niño, 132-134
acuerdos de residencia
   acuerdos sobre la custodia, 4-5,
   7, 21-23
   tema principal, 8
   volver a casarse y, 183
acuerdos sobre custodia. *Ver también*
padres sin custodia; visitas
   mediación, 21-23
   tipos, 4-5, 7
adaptación del niño, problemas
   a corto plazo, xxii, xxiii, xxvi
   a largo plazo, xxii, xxiv, xxvi
   ayuda profesional, 187-191
adolescentes. *Ver también* niños
   como mensajeros, 54-56
   horas de llegada, 133-134, 183

   nuevo matrimonio y, 182
   preguntas de, 19
   problemas de visitas, 80
   relaciones con los iguales, 80,
   102
   rendimiento en el colegio, 136
   sentimientos, xxv
   visitas, 79
Ahrons, Constance, xx-xxi
Al-Anon, 176
álbum de fotos, 123
aliado, usar al niño como, 57-59
Amato, Paul, xxiii, 78, 97, 114
American Academy of Child and
Adolescent Psychiatry, 191
American Academy of Matrimonial
Lawyers, 5
American Psychological
Association, 191
amistad
   niños, 132-134
   padres, 34-37
amor
   amor del niño por tu
   excónyuge, 163-164
   comunicación, 117, 121-123

arbitraje, definición, 53
aspectos relacionados con la salud,
110, 111
Association for the Advancement
of Behavior Therapy, 191
autocontrol, las cuatro R, 143-145
autoestima
    de los padres, 28
    del niño, xxiii, 49, 139-141
ayuda profesional, 187-191

B

bienestar de los padres divorciados
    adaptación al divorcio, 27-30
    control del estrés, 38-42
    estilos de afrontarlo, 31-33
    sistemas de apoyo, 34-37
Booth, Alan, xxiii
Buchanan, Dr. Christy M., 54, 55,
104, 129

C

Camara, Kathleen, 115
cambios en la rutina, 100-105
citas, 178-180, 182
Clingempeel, W Glen, 171
colegas cooperativos, xxi, 45
comentarios negativos, 141
compañeros perfectos, xxi, 45
comunicación con los niños
    cargar al niño con preocupaciones
    económicas, 153-155
    comparar al niño con tu
    excónyuge, 161-162

comunicar amor, 117, 121-123
crear autoestima, 139-141
culpar al niño, 146-147
expresar los sentimientos,
124-126
hacer promesas, 148-149
comunicación con tu
excónyuge
consejos para, 45-48
críticas, 62-64, 74
discusiones, 49-53
mantener secretos a tu ex, 60-61
planes paternales, 109-113
comunicar al niño la decisión de
divorciarse
    instrucciones, 12-16
    preguntas de los niños, 17-20
contactos sociales, pérdida, xxviii
control del estrés de los padres
    ejercicio, dieta y descanso, 40-41
    estrategias para solucionar
    problemas, 39-40, 47-48, 52-53
    humor y, 41
    importancia, 38
    recomendaciones, 41-42
    relajación, 39
conversaciones telefónicas, 51
cónyuge *ver* excónyuge
Creasey, Gary, 172
críticas a tu excónyuge, 62-64, 74
culpabilidad, 150-152
Cummings, E. Mark, 190
cumpleaños, 75, 86-88
Curtner-Smith, Mary Elizabeth, 83
custodia
    compartida, 4-5
    individual, 4-5

D

deberes escolares, 136, 137, 138
decisiones legales
    acuerdos sobre la custodia,
    4-5, 7
    disputas sobre custodia y
    mediación, 21-23
    visión general, xxviii-xxix
decisiones religiosas, 110, 111
demografía, xix-xx
desacuerdos con tu excónyuge
    consejos de comunicación,
    45-48
    crítica, 62-64
    evitar conflictos, 49-53
    relaciones redefinidas y, xxi,
    65-70
dinero, 127-131, 151
    hablar con tu hijo sobre,
    153-155
    ingresos de la madre que tiene
    la custodia, xxviii
    manutención, 5, 74, 97-99
    regalos caros, 150, 151
disciplina
    consistente, 127-131
    constante, 127-131
    culpabilidad del padre y,
    150-152
    horarios, 133-134, 183
    rendimiento en el colegio y,
    135-138
disculpas por el divorcio, 150-152
discusiones con tu excónyuge
    cómo evitarlas, 49-53
    consejos de comunicación, 45-48

crítica, 62-64
relaciones redefinidas y, xx-xxi,
    65-70
divorcio
    culpar al niño, 146-147
    decírselo al niño, 12-16
    de mutuo acuerdo, 3
    edad del niño, xxvii, 13, 14
    efectos del divorcio en el niño,
    xxi-xxvii
    fases, 27-28
    mitos, xix
    porcentajes, xx
    sencillos, xix, xxviii-xxix
    sobrecompensación, 150-152
dúos disueltos, xxi, 45

E

edad del niño
    impacto del divorcio y, xxvii,
    13, 14
    visitas y, 79-80
educación
    decisiones, 110, 111
    rendimiento en el colegio,
    135-138
efecto retardado, xxvi
Emery, Robert, xxii, xxiv, 22, 66,
109, 135, 178, 181
emociones de la persona divorciada,
27-30
enemigos feroces, xxi, 45
espías, usar a los niños, 54-56
estilo centrado en las emociones,
32-33

estilo centrado en los problemas, 31-33, 126
estilo evasivo, 32, 33
estrategias para solucionar problemas, 40, 47-48, 52-53
eventos estresantes para el niño, xxii, xxix
excónyuge. *Ver también* padres sin custodia
   aceptar el amor de los niños por, 163-164
   comparar al niño con, 161-162
   comunicación constructiva, 45-48
   conflictos, 49-53
   crítica, 62-64
   plan de paternidad compartida, 109-113
   redefinir la relación, xx-xxi, 65-70

F

familia
   nuevas combinaciones, 181-184
   otros miembros, 170-174
   tradiciones, 106-108
fases del divorcio, 27-28
Fincham, Frank, 154, 189
Forgatch, Marian S., 190
formas de afrontar los problemas, 31-33
Furstenberg, Frank, 78

G

Gilbreth, Joan, 78
Grych, John H., 154, 189

H

hablar con tu excónyuge
   críticas, 62-64
   disputas, 49-53
   instrucciones, 45-48
   planes paternales, 109-113
   tener secretos, 60-61
Hanson, Thomas, 171
Hess, Robert, 115
Hetherington, Mavis, xxiii-xxiv, 133, 153, 168
horarios, 133-134, 183
humor, mantener el sentido del, 41, 42

I

inconsistencias entre paternidad, 68-69
informe diario, 137, 138
ingresos de la madre que tiene la custodia, xxviii
intercambio del niño, 82-85

J

Johnston, Janet R., 82

K

Kaplan, Lori, 167
Kelley, Mary Lou, 137
Kerr, Margaret, 134

L

las cuatro R para el autocontrol, 143-145
Laumann-Billings, Lisa, xxv
leyes del divorcio, 3-7
libros sobre el divorcio, 125
límites
    de la intimidad, 66, 67, 69
    poner a prueba, 94-96
luchas de poder, 66

M

Maccoby, Eleanor, 5
manualidades de los niños, 75, 117, 123
manutención, 5, 74, 97-99
mascotas, 18, 101-102
McWilliams, Joan, 110
mediación
    acuerdos sobre la custodia y, 21-23
    definición, 53
Mehrabian, Albert, 46
mensajeros, usar a los niños como, 54-56
mensajes en primera persona, 47, 64
Miller, Nancy, 35
mitos, divorcio, xix
modelos de rol masculino, xxvii

N

negociación, definición, 53

niños. *Ver también* comunicación con los niños
    actividades divertidas con, 117, 118-120
    autoestima, 49, 139-141
    ayuda profesional, 187-191
    como aliados, 57-59
    como mensajeros o espías, 54-56
    compartir secretos con, 60-61
    comunicar amor, 117, 121-123
    conflictos parentales y, 49-53
    disciplina, 127-131, 150-152
    edad, xxvii, 13, 14
    efectos del divorcio en, xxi-xxvii
    eventos estresantes, xxii, xxix
    expectativas poco realistas, 158-160
    fomentar la relación, 114-117
    preguntas, 17-20, 116
    probar los límites, 94-96
    promesas, 11
    relación con el padre que no tiene la custodia, 77-81
    rendimiento en el colegio, 135-138
    temperamento, xxix
Nord, Christine, 78

O

otros miembros de la familia, 170-174

P

paciencia, 142-145
padre «divertido», 130

padre que no tiene la custodia. *Ver también* excónyuge
  contacto frecuente, 77-81
  involucración, 73-76
  no involucración, 175-177
padres abiertos, 116
padres ante el divorcio. *Ver también* comunicación con el niño
  alimentar la relación con tu hijo, 114-117
  cambios en la rutina, 100-105
  disciplina, 127-131
  enfrentar a los padres, 94-96
  manutención, 5, 104, 129
  paciencia y autocontrol, 142-145
  plan de paternidad, 69, 109-113
  supervisar el rendimiento en el colegio, 135-138
  supervisar las actividades, 132-134
  tradiciones familiares, 150-152
  ver el mal comportamiento de manera realista, 91-93
padres divorciados. *Ver también* comunicación con el niño
  cambios en la rutina, 100-105
  cómo afrontarlo, 31-33
  control del estrés, 38-42
  enfrentar a los padres, 94-96
  fomentar la relación padre-hijo, 114-117
  formas de afrontar, 31-33
  manutención, 74, 97-99
  modelos de rol, 156-157
  paciencia y autocontrol, 142-145
  período de adaptación, 27-30
  plan, 69, 109-113
  sistemas de apoyo, 34-37

  supervisar el rendimiento en el colegio, 135-138
  supervisar las actividades, 132-134
  tradiciones familiares, 106-108
  ver el mal comportamiento de manera realista, 91-93
padres que se pelean
  disputas delante de los niños, 49-53
padres sin custodia
  contacto frecuente, 77-81
  involucración, 73-76
  no involucración, 175-177
Parenting the Strong-Willed Child, 143, 221
Parents Without Partners, 191
Pedro-Carroll, JoAnne, 189
pensamientos positivos, 195-196
pensamientos realistas, 91-93
período de adaptación para los que se divorcian, 27, 30
permanecer juntos por el bienestar del niño, xix, xx-xxi
pleitos, 22, 52
preguntas de los niños
  padres abiertos, 116
  prepararse, 17-20
problemas de adaptación del niño
  a corto plazo, xxii, xxiii, xxvi
  a largo plazo, xxii, xxiv, xxvi
  ayuda profesional, 187-191
problemas económicos
  durante la separación, 8-9
  ingresos de la madre que tiene la custodia, xxviii
  manutención, 5, 74, 97-99
  preocupar a los niños, 153-155

profesionales de la salud mental,
188-189, 191
promesas, 148-149
    a los niños, 11
propiedad, divisiones, 8-9

R

Radford, Barbara, 27, 41
regalos, caros, 150, 151
regla de oro, 48
reírse, 41
relaciones entre hermanos, 167-169
rendimiento en el colegio
    Decisiones sobre la educación,
    110, 111
    supervisar, 135-138
riesgos, 140-141
rituales, familia, 106-108
Rodgers, Roy H., xxi

S

secretos, tener, 60-61
Seligman, Martin, 196
sentimientos, expresar, 124-126
separación, 8-11
Shifflett, Kelly, 190
Simons, Ronald, 36
sistemas de apoyo para los padres,
34-37
socios furiosos, xxi, 45
Statten, Hakan, 134
Stewart, Susan D., 77
Stolberg, Arnold, 190
Sun, Yongmin, xxvi

supervisar el rendimiento en el
colegio, 135-138
supervisar las actividades de tu hijo,
132-134

T

tareas escolares, 136, 137, 138
tasas del divorcio en los Estados
Unidos, xx
temas principales, 8-11
tensiones emocionales
de los padres, 36

V

vacaciones
    calendario de visitas y,
    86-88
    expectativas poco realistas
    durante, 159
    padres sin custodia y, 75
    tradiciones familiares,
    106-108
visitas
    contacto predecible, 77-81
    intercambio del niño sin
    problemas, 82-85
    involucración del padre que no
    tiene la custodia, 73-76
    separación, 8-9
    vacaciones y cumpleaños, 86-88
volver a casarse, 181-184
Webster- Stratton, Carolyn, 114
Whiteside, Mary F., 78
Wolchik, Sharlene, xxi, 130

No dejes que los problemas te quiten el sueño...
Aún hay más títulos de la colección por descubrir

Los niños y el dinero. Educar a los hijos en la responsabilidad.

Desde este libro se aborda el porqué de la importancia de inculcar en la familia una relación sana con el dinero, evitando así que la riqueza malcríe a los hijos, educándolos equilibrados y seguros tanto en el terreno emocional como en el económico.

GALLO/GALLO. ISBN: 84-481-3740-X

Familias de hoy. Modelos no tradicionales.

La vida familiar experimenta cambios constantes: padres divorciados, parejas del mismo sexo, matrimonios que cuidan de sus hijos y de sus padres. Aquí encontrarás soluciones prácticas para afrontar las dificultades de las nuevas familias y las posibilidades de éxito de las mismas.

CHEDEKEL/O´CONNELL. ISBN: 84-481-3739-6

La rebelión de los adolescentes.

A través del contrato de conducta, la doctora Paula Stone Bender propone un método basado en ofrecer a tu hijo incentivos positivos, mediante el cumplimiento de normas, que le enseñarán valiosas lecciones de responsabilidad personal. Con la ayuda de este libro tu hijo no conseguirá volverte loco.

STONE. ISBN: 84-481-3737-X

Felices sueños.

Elizabeth Pantley, educadora de padres y madre de cuatro hijos, te muestra a través de un programa basado en diez pasos las herramientas necesarias para que tu bebé duerma plácidamente y no se despierte en toda la noche.

PANTLEY. ISBN: 84-481-3735-3

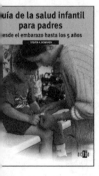

Guía de la salud infantil para padres. Desde el embarazo hasta los 5 años.

Una completa guía que, a diferencia de cualquier libro de bebés que hayas leído antes, evita el lenguaje excesivamente técnico. Es fácil de entender y contiene las últimas investigaciones acerca de la salud y el desarrollo del niño.

DOWSHEN. ISBN: 84-481-3742-6

Pero las soluciones no acaban aquí... entra en nuestra web
y descubre cómo Actúa puede ayudaros a ti y a los tuyos

www.actualibros.com

McGraw-Hill/Interamericana de España, S. A. U.
División Profesional
C/ Basauri, 17 - 28023 Aravaca. Madrid
Avda. Josep Tarradellas, 27-29 - 08029 Barcelona
España

☐ POR FAVOR, ENVÍENME EL CATÁLOGO DE PRODUCTOS DE MCGRAW-HILL

Informática ☐ Economía/Empresa ☐ Ciencia/Tecnología ☐ Español ☐ Inglés ☐ Actúa

ombre y apellidos _____

_____ n.º _____ C.P. _____

oblación _____ Provincia _____ País _____

IF/NIF _____ Teléfono _____

mpresa _____ Departamento _____

ombre y apellidos _____

_____ n.º _____ C.P. _____

oblación _____ Provincia _____ País _____

orreo electrónico _____ Teléfono _____ Fax _____

MCGRAW-HILL QUIERE CONOCER SU OPINIÓN

FORMAS RÁPIDAS Y FÁCILES DE SOLICITAR SU CATÁLOGO

EN LIBRERÍAS ESPECIALIZADAS

FAX
(91) 372 85 13
(93) 430 34 09

TELÉFONOS
(91) 372 81 93
(93) 439 39 05

E-MAIL
fesional@mcgraw-hill.es

WWW
www.mcgraw-hill.es

¿Por qué elegí este libro?

☐ Renombre del autor

☐ Renombre McGraw-Hill

☐ Reseña de prensa

☐ Catálogo McGraw-Hill

☐ Página Web de McGraw-Hill

☐ Otros sitios Web

☐ Buscando en librería

☐ Requerido como texto

☐ Precio

☐ Otros

Temas que quisiera ver tratados en futuros libros de McGraw-Hill:

_____

_____

_____

_____

_____

_____

_____

_____

ste libro me ha parecido:

☐ Excelente ☐ Muy bueno ☐ Bueno ☐ Regular ☐ Malo

omentarios: _____